大红酸枝
收藏入门百科

Siam Rosewood Collection Encyclopedia

○ 胡古越　陈少飞　编著

图书在版编目（CIP）数据

大红酸枝收藏入门百科／胡古越，陈少飞编著.
--北京：化学工业出版社，2014.1
ISBN978-7-122-19397-7

Ⅰ.①大… Ⅱ.①胡… ②陈… Ⅲ.黄檀属-木家具-收藏-基础知识 Ⅳ.①G894

中国版本图书馆CIP数据核字（2014）第000044号

大红酸枝
收藏入门百科

责任编辑：郑叶琳　　　　　　　　　　　装帧设计：尹琳琳
责任校对：徐贞珍

出版发行：化学工业出版社（北京市东城区青年湖南街13号　邮政编码100011）
印　　装：北京永诚印刷有限公司
710mm×1000mm　1/16　印张13　字数200千字
2014年1月北京第1版第1次印刷

购书咨询：010-64518888（传真：010-64519686）
售后服务：010-64518899
网　　址：http://www.cip.com.cn

凡购买本书，如有缺损质量问题，本社销售中心负责调换。

定　　价：88.00元　　　　　　　　　　　版权所有　违者必究

序

  2011年我写了一本通俗易懂的关于红木知识入门书《当代红木家具百科全书》（化学工业出版社出版发行），在这本书的前言里写道："文化是深远的，而且是丰富多彩的。正因为红木家具有着深远和丰富多彩的文化内涵，所以它不但具有经久耐用的使用价值，而且具有艺术欣赏和收藏价值。笔者试图用最简练的文字和最通俗的语言，把当代红木家具的知识告诉红木爱好者们。由于水平有限，这本书可能会有这样那样的不足之处，也可能会有这样那样与众不同的红木理念。但是，时代需要这样一本书。"

  两年来，这本书发行得很好，千千万万的红木爱好者阅读之后引发了对红木家具的研究和思考。有不少读者朋友对我说："胡老师，当前大红酸枝被炒得这么火，为什么不写一本关于大红酸枝的书呢？"

  我听后微微一笑："此言差矣！这几年大红酸枝家具备受青睐，八年价格上涨八倍，而且升值空间还很大，五年后大红酸枝将成为第二个'黄花梨'。这是事实，这是红木家具市场真实的情况，绝不是被炒出来的。"

  我是红木行家，不是作家。本来打算写一本书之后不再写了，但应广大读者的热情要求，盛情难却。好吧！我与福建仙游红木家具协会的副秘书长陈少飞先生合作，共同编写一本《大红酸枝收藏入门百科》。此书只是我们的一家之言，目的是引起百家争鸣；此书并非专家的评判，只不过是激发广大读者关注红木家具的前言。

  书中有不尽如人意之处，敬请海涵。

胡古越
于北京

目　录

第一章　大红酸枝的传说

第一节　郑和下西洋带回来的垫船木…………3

第二节　法国植物学家皮埃尔给大红酸枝命名…………6

第三节　红木古典家具使用的三大名木…………9

第二章　大红酸枝红木市场行情：八年涨八倍

第一节　大红酸枝是珍贵的高档红木材料…………21

第二节　近八年来大红酸枝价格上涨八倍…………22

第三节　大红酸枝近期升值空间最大…………24

第三章　大红酸枝家具的制作工艺

第一节　木材烘干与打样工艺…………29

第二节　精湛卓越的木工工艺…………31

第三节　出神入化的雕刻工艺…………32

第四节　明莹光洁的打磨工艺…………34

第四章　大红酸枝家具的鉴别与选购

第一节　《红木国标》关于红酸枝的规定…………41

第二节　大红酸枝与其他红酸枝的区别…………43

第三节　大红酸枝家具的防伪识真…………46

第五章　大红酸枝家具的鉴赏和养护

第一节　大红酸枝家具的艺术欣赏价值…………52
第二节　大红酸枝家具的品相鉴赏…………54
第三节　大红酸枝家具的保养…………56

第六章　大红酸枝家具与红木文化

第一节　大红酸枝传承红木古典家具文化…………61
第二节　大红酸枝家具的理念文化…………65
第三节　大红酸枝家具与保健养生文化…………67

第七章　当代红木家具图谱

第一节　客厅系列红木家具主要款式…………73
第二节　卧室系列红木家具主要款式…………101
第三节　书房系列红木家具主要款式…………119
第四节　餐厅系列红木家具主要款式…………142
第五节　综合系列红木家具主要款式…………155

第八章　当代红木知名品牌（十八家）

第一章

大红酸枝的传说

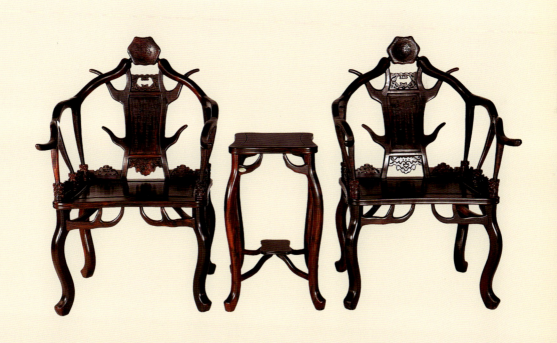

五百多年前的一个夜晚,大明王朝的中秋圆月笼罩着苏州河畔。一个黑衣中年男子站立在河边的岩石上,双手叉着腰,一双呆滞的大眼睛一眨不眨地注视着远方的群山……

　　夜已很深了,深秋的晚风凉飕飕地吹来,银灰色的河面泛起一层层波纹。河边的绿树芳草在月光下显得是那么宁静,草丛里不时响起昆虫的叫声,偶尔从远处的树林里传来几声夜鸟的啼鸣。

　　"啊!啊!名贵的硬木啊!你在哪里呀?苍天啊!请赐给我名贵的硬木吧!我陈一刀全家的性命都靠你啦!"

　　那个黑衣男子突然发疯似地大喊大叫,他那沙哑的喊声震荡着静静的河水,震荡着墨绿色的群山。几只夜栖的小鸟被吓飞了,轰鸣的虫声停止了杂乱的歌唱。

　　忽然间,清凉凉的河水泛起波澜,在银色的月光下冒起轻飘飘的白烟。一个神话般的奇迹就要发生了。

　　怎么回事?

　　浑身湿透的陈一刀揉揉眼睛。

　　仿佛是在做梦。梦中的河水涌起滔天巨浪,巨大的浪花打湿了他黑色的衣衫。眼前升起亮晶晶的水柱,直冲向夜色的天空。随着白色水柱的冲击,从河底飞上来一根紫红紫红的圆木。

　　啊!名贵的硬木找到了,虽然陈一刀不知道这是什么木头,但他懂得这是上天恩赐的名贵硬木。有了这根名贵的硬木,陈一刀不但全家人的性命保住了,而且他还能够飞黄腾达,成为大明朝显赫一时的皇家御用木雕大师。

第一节　郑和下西洋带回来的垫船木

郑和，1371年生于云南昆阳州（今昆明晋宁县）一个信奉伊斯兰教的回族家庭。原名马和，小字三宝，十一岁时在明太祖朱元璋发动的统一云南的战争中被俘进宫，后当朱元璋四子朱棣的近侍。1403年朱棣登基，史称明成祖。次年正月初一，朱棣念他有勇有谋，屡建奇功，便赐他姓"郑"，改称郑和，并提拔为内宫太监总管。

永乐三年（1405年7月11日）郑和率领庞大船队首次出使西洋，至1433年，在漫长的28年间，郑和船队历经亚非三十余国，跋涉十万余里，与各国建立了政治、经济、文化的联系，完成七下西洋的伟大历史壮举。

郑和七下西洋的起锚地——太仓浏家港（今江苏省太仓市浏河镇），地处浏河与长江的交汇处。太仓资源丰富，水陆交通便利。郑和船队在刘家港集结出海前，每次必到镇上的天妃宫进香朝拜，祭祀天妃，求保平安。宣德六年朝廷派人刻石立碑，因此，这里就成为了举世闻名的郑和下西洋的重要历史遗迹。

永乐三年的盛夏，烈日炎炎，万里无云。郑和率领208艘大小船只，满载1000多吨大明王朝的特产，浩浩荡

荡地向西洋出发了。

永乐六年的初秋,秋高气爽,天高云淡,金风徐徐,大雁南飞。郑和船队完成了与东南亚各国的交易,开始返航回国了。郑和没有想到,他运去的是以瓷器为主的重量级商品,换回来的大多数是以珠宝、象牙、檀香等为主的轻量级商品。那时大小船只都是木帆船,货轻压不住船,在巨浪滚滚的大海上根本无法航行。

郑和庞大的船队被困在老挝海岸的一个港口里,一连数月不能起航。

怎么办?郑和数月愁眉不展。

一天晚上,郑和的一个随从向他进言:

"总管大人,我有个主意不知行不行?"

"什么主意?说来听听。"

那个随从不慌不忙地向郑和说道:"总管大人,我们的船不能平稳航行,是因为船底太轻。如果在船底放一些比水沉的东西,压住船舱,就能行驶平稳了。"

"快说说,船舱放什么东西?什么东西比水沉?"郑和不等他把话说完,就迫不及待地追问用什么东西压舱。

那个随从仍旧不慌不忙地说:"总管大人,我发现岸边的大山里有好多沉于水的硬木。如果您派人砍伐一些又重又硬的树干用来压船舱，船舱上面再放较轻的物品，下重上轻，航行就会稳当多了。"

"好！好主意！"郑和高兴地拍拍他的肩膀说："我给你记个大功！赏你黄金千两。"

郑和按照那个随从的主意，派人到大山里砍伐了大量的硬木（当时不知道是何木，后人把它称为红木）。使用大量的红木压舱，庞大的船队平稳驶航，在家家户户张灯结彩过大年的时候，郑和船队终于平安地回到了祖国，回到了太仓。

郑和带回来的垫船木，扔在岸边，风吹日晒，有的滚进河里。当时人们并不重视这些垫船木，任其自毁自灭。

据说，天启皇帝特别喜爱木匠活儿，尤其喜爱各种名贵的硬木。"楚王好细腰，宫娥多饿死"。由于皇帝的喜爱，带动了全国的红木古典家具热潮。随之而来的是名贵硬木奇缺，黄花梨用完了，紫檀木不多了，于是人们想到了那些放在岸边的郑和垫船木。

第二节 法国植物学家皮埃尔给大红酸枝命名

法国植物学家让·帕普蒂斯·路易·皮埃尔，生于1833年，卒于1905年。皮埃尔青年时期曾在法国和印度加尔各答植物园学习和工作，1864年他在印度建立了西贡动物园和植物园。皮埃尔一生进行过多次科学探险活动，主要著作有《交趾支那的有花植物》等。

1886年的早春二月，天气乍暖还寒，全副武装的皮埃尔与好朋友法国军事专家德·兰尼桑深入老挝的原始森林探险。有一天夜里，他们正在帐篷里睡觉，皮埃尔被一种奇怪的声音惊醒了。他掀开帐篷的窗帘一看，外面漆黑一片，隐隐约约的几颗小星星透过茂密的树冠在墨蓝的天空眨着眼睛。在前方不远处，大概三四十米，有一颗巨大的树木，看起来有30多米高，直径超过一米多，树干上仿佛挂着两盏灯，绿莹莹的光芒一闪一闪，阴森而恐怖……

"德·兰尼桑，德·兰尼桑！快起来，你看那是什么东西？"

德·兰尼桑从梦中惊醒，下意识地抄起步枪。

"怎么回事？有野兽吗？"

皮埃尔指指前方的大树说："你看，那是什么？就像鬼火一样眨着眼睛。啊！快看，它好像过来啦，向我们游过来啦!"

说时迟,那时快。皮埃尔的话还没说完,一个放射荧光的幽灵就扑过来了,随之而来的是一阵腥臭的冷风。

"巨蟒!千年巨蟒!皮埃尔,快扔手雷!"

"啪!啪!啪!"德·兰尼桑向巨蟒连开三枪。

"轰!轰!"皮埃尔向巨蟒甩出去两颗手雷弹。

垂死挣扎的巨蟒甩动铁甲一样的大尾巴,扫起了漫天的泥土和石块,尘土飞扬,落叶纷纷,就连碗口粗的树木都被它扫倒一片。

巨蟒死了,它所栖息的大树被发现了。

恐怖的原始森林之夜过去了,火红的朝阳给大森林送来了温暖与光明。

经过皮埃尔和德·兰尼桑的考察,老挝、柬埔寨和泰国的原始森林有许许多多这样的树木——曾经被千年巨蟒守卫的宝树。

这种树属于落叶大乔木,高度一般在8～30米,主干直径可达60～120厘米。其树皮光滑而坚硬,浅黄至灰褐色,为鳞片状,有纵向裂纹,叶的形态为不均等的羽状复叶。皮埃尔把这种树命名为"交趾黄檀",并且编

入他的书中。

  交趾黄檀出生于中南半岛北纬10°~22°之前的地区，泰国、柬埔寨和老挝的原始森林里均有此树。老挝的郎勃拉杜省产的交趾黄檀最好。其密度高，沉于水；颜色美，深红色，大花纹；树干通直而且直径大。这是制作红木家具的上乘良材。

  郑和下西洋时带回的垫船压舱木，就是交趾黄檀。那时，还没有人给交趾黄檀命名，不知道它是什么木。因为此木锯开后是红色的，所以称之为"红木"。又因为在锯木时它发出阵阵酸香气味，所以又称为"大红酸枝"。

第三节　红木古典家具使用的三大名木

"人分三六九等，木分花梨紫檀"。中国红木古典家具使用的最名贵的材料就是黄花梨、紫檀和老红木。何谓老红木？即上等大红酸枝。一般的红酸枝不能称之为老红木，只有老挝、柬埔寨和泰国产的树龄超过200年的交趾黄檀才能称为老红木。

翻开中国红木古典家具发展史册，我们就会发现黄花梨、紫檀和老红木这三大名木的价值。

一、黄花梨家具是明代上流社会的风雅

我国的红木古典家具源于唐、兴于宋、盛于明清。唐朝以前，从远古时代出现第一张席子开始直到汉代使用的几、案、箱、柜等，在漫长的五千多年的家具发展史里，写着八个大字："简单、粗糙、用材低劣"。

大唐盛世，经济繁荣昌盛，文化丰富多彩。由于建筑业的兴旺发达，歌舞升平的生活环境需要宏大宽敞的室内空间，这就为家具行业的发展提供了极富想象的空间。

唐代家具厚重宽大，气势宏伟，线条丰满柔和，雕饰富丽华贵。唐代家具的款式与当时社会条件有关，也与当时人们的审美情趣紧密相融。唐代的人喜欢大气和丰满，唐装是宽宽大大，美女是肥肥胖胖，家具也是形大料厚线条既粗广又圆润。

据野史传说，唐代大诗人李白一生爱好游山玩水。有一次远游海南岛，偶然得到一根黄花梨圆木。他让能工巧匠精心制作了一把高雅脱俗的大圈椅，每天坐在

唐至清《古典家具图考》29幅

图1-1
宋·供桌
江苏孙四娘子墓出土

图1-2
宋·靠背椅
江苏孙四娘子墓出土

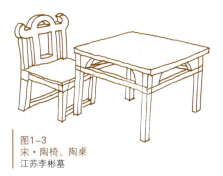

图1-3
宋·陶椅、陶桌
江苏李彬墓

图1-4
宋·陶楼、凉亭
江苏李彬墓出土

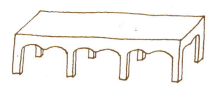

图1-5
五代·榻
敦煌壁画《嫁聚图》

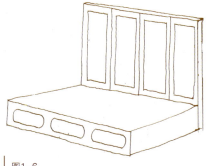

图1-6
唐·床上屏风
敦煌壁画

圈椅上读书吟诗，两年未曾远游。这个故事只是个传说，传说的背后还有传说，传说唐高宗看到李白的黄花梨大圈椅后，命人用黄花梨为自己制作了一个独板的大宝座。虽然李白的大圈椅和皇帝的大宝座都无从考证，但是据正史记载，唐朝时代的家具，确实有圈椅和宝座出现。

宋至明前期，古典家具的发展达到空前的规模与水平。宋代家具确定了以框架结构为基本形式。其家具的种类之齐全，样式之多姿是宋代以前任何时期都无法比拟的。宋代家具不但注重实用性，而且注重欣赏性。也就是说宋代家具已经具备了中华民族红木古典家具文化的内涵。因此，笔者认为，红木古典家具源于唐，兴于宋，盛于明清。

明代家具是我国家居发展史上的一座顶峰，这座顶峰一直延续到清代早期，这一时期制作的家具被后世誉为"明式家具"。

明式家具主要使用的材料有黄花梨、紫檀、鸡翅木、铁力木和榉木五个主要品种。这个时期制造的最高雅、最考究的高档家具首要用材就是黄花梨。因为黄花梨的颜色艳丽，花纹很美，所以一般不雕饰，不上漆，取其自然之美。

黄花梨家具在明代的上流社会被捧为至宝。除宫廷使用之外，达官贵人和文人墨客都争相抢购。那时期，黄花梨家具成为有身份的象征。

二、紫檀家具是清代中期上流社会的珍宝

清代早期，家具制作依然沿袭着明代家具的一贯做法，并有不断改进和提高。那时的高档家具用材主要是黄花梨，但随着黄花梨越来越少，印度紫檀逐渐代替之。到了雍正年间，家具的用材主要是紫檀木，其风格也焕然一新，变得浑厚豪华、气势非凡。用料粗犷宽绰，造型雄伟庄严，装饰极为华丽，雕刻极为繁杂，力求高贵威严，形成了具有皇家风范的清式家居风格。

清式家具的主要用材是紫檀木。紫檀木，树种名叫"檀香紫檀"，俗称"小叶檀"，产于印度。心材新切面橘红色，久则转为深紫或黑紫，常带浅色和紫黑色条纹；木屑水浸出液为紫红色，有荧光；有微弱的香气，结构甚细，打磨好的木料光滑细润，就像婴儿的皮肤一样。紫檀纹理交错，有的局部卷曲，好似牛毛纹。因此，正宗的紫檀木是印度产的"牛毛纹紫檀"。

清式家具的制作工艺和装饰手法继承了历代工艺传统，并有所发展和创新。有一些研究"明式家具"的专家、学者，把明式家具夸得天花乱坠，把清式家具贬得一文不值，这种"褒明贬清"的论点是不正确的。笔者认为，任何事物都有它的长处和短处，而且都与它的时代环境相联系。虽然清式家具在造型艺术方面不如明式家具，但在雕刻和装饰手法上高于明式家具。清式家具和明式家具一样，以其鲜明的特色，丰

图1-7
唐·香案
《三希堂画宝》

图1-8
唐·香案
《六尊者相册》

图1-9
唐·香案

图1-10
唐·几
王维《伏生授经图卷》

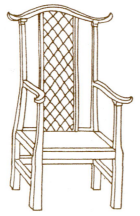

图1-11
唐·禅椅
（日本收藏）

图1-12
唐·胡床、几
敦煌壁画

富了中华民族悠久的灿烂文化。它们都是中国红木古典家具发展史上的丰碑。

以紫檀为主要用材的，具有皇家风范的清式家具，充分发挥了雕刻艺术手法，并吸收了外来文化的长处，变肃穆为流畅，化简要为雍美，大气大派，威严典雅。清中期的上流社会以拥有紫檀家具而自豪。乾隆时期，全国各地官吏给朝廷上贡的宝物中就有很多是紫檀家具或是紫檀原木。清中期的士大夫们附庸风雅，有"两红"那是必须挂在嘴边的。"两红"是什么呢？一个是曹雪芹的《红楼梦》，另一个就是以紫檀木为首的红木家具。当时的社会上流传这么一首歌谣："紫檀家具值万钱，无福之人泪涟涟，开谈不讲红楼梦，纵读诗书也枉然。"

综上所述，高贵典雅的紫檀家具，在大清王朝的中期达到顶峰辉煌，成为了当时上流社会的珍宝。

图1-13
唐·壸门案、腰圆凳
台北"故宫博物院"藏

三、老红木家具是清代晚期乃至民国上流社会的宠物

大清中期皇宫和达官贵族大量收藏紫檀家具，致使印度的紫檀树木被砍伐一空，百年以上的紫檀树（直径10厘米以上）均被砍光，只剩下不成材的幼苗和小树。因此，紫檀木越来越昂贵。乾隆爷曾经下令：民间不允许买卖紫檀木，各地方州县收上来的紫檀木一律送入皇宫造办处。乾隆爷还下令：内务府使用两根以上的紫檀木必须经皇帝批准。有一次修建御花园的六角亭，内务府总管未经乾隆爷批准擅自动用了造办处的三根紫檀木。乾隆爷知道后把那个太监总管臭骂了一顿，并且罚俸禄一年。

黄花梨和紫檀木极缺之后，老红木应运而生，成为了大清晚期乃至民国制造高档名贵家具的主要材料。老红木特指老挝、柬埔寨和泰国等产的大红酸枝，树种学名叫"交趾黄檀"。"交趾黄檀"深红色、大花纹、分量重、沉于水，油脂多，有淡淡的酸香气味儿。使用这种大红酸枝制造的家具，华贵典雅，古色古香，几乎与紫檀家具没什么两样。包浆好的大红酸枝家具甚至比紫檀家具还要漂亮，外行人根本就分不出什么是紫檀家具，什么是大红酸枝家具。

据野史传说，首先发现并使用老红木制作高档家具的人是姑苏人陈阿根，因其木工活儿和雕工水平都精益求精，从不

图1-14
五代·围屏床、围屏榻、条案、烛台
北京故宫博物院藏

图1-15
五代·屏风、画案
《勘书图》南京大学藏

图1-16
宋·长方案、圈椅
《中国书画鉴赏辞典》

图1-17
明·中空花围架子床
《明式傢具研究》北京故宫博物院藏

图1-18
明·独板罗汉床
《明代家具》

图1-19
明·拖泥榻
《三希堂画宝》

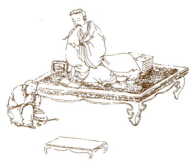

图1-20
明·榻、足承
《唐诗画谱》

回斧回刀,故被誉为"陈一刀"。大明晚期,朝廷下旨命苏州府进贡一个长五米高一米的大龙舟,要求用紫檀独木制造。苏州知府招聘苏州的能工巧匠,三个月无人应招,因为人世间哪有那么大的紫檀树啊。没办法,苏州知府就派人把"陈一刀"抓来,对他说:"我限你半年时间制造出五米长、一米高的紫檀独木大龙舟,如果造不出来,全家问斩!"

"陈一刀"访遍大江南北的木器作坊,两个多月都没有找到近似的木料。急得他像热锅上的蚂蚁。在一个深秋的夜晚,他徘徊在苏州河畔,正当他绝望准备跳河之时,一个神奇的故事发生了。上天为他送来了救命红木。从苏州河底冲上岸来一根五米多长,直径一米多的圆木。这是一根通直的坚硬的紫红紫红的大红酸枝圆木……

"陈一刀"用三个月的时间制造好了大龙舟。苏州知府进贡给朝廷,皇帝很高兴,赏给苏州知府黄金千两,并赐封"陈一刀"为皇宫的四品御用工匠。

大红酸枝的圆木比黄花梨和紫檀木多得多,因而更适宜制造大型厚重的高档家具。清晚期的红木家具在工艺技术方面具有四大特点。

其一,追求绚丽、豪华与繁缛的富贵气。红木家具的精雕细刻、绚丽多彩的工艺,迎合了统治者的心理,也满足了当时上流社会的心态。

其二，用材厚重，体态宽大。因为明代家具崇尚的是线条之美，所以它的体态明快而轻盈。清代家具就不同了，他崇尚的是豪华高贵之气，为了达到这个目的，精雕细刻就成为了红木家具的主要手段。

其三，装饰手法艳丽夺目。为了能达到最佳的豪华富贵，清代工匠们在施展雕刻工艺的同时，又极大地发展了镶嵌工艺。

其四，地方流派多样，各具特色。家具作为人类赖以生存生活的器物，严格地讲，从它一诞生后，不同地区就产生了不同的家具流派。但作为能在全国范围内流行并产生巨大影响力的是从清代中期开始的。明代的红木家具是"苏作"一统天下。清代家具除"苏作"之外，还有"京作"和"广作"两大流派，分别还有许多影响较小的地方流派。

综上所述，黄花梨是明代高档家具的主要用材，紫檀木是清代早期和中期高档家具的主要用材，老红木即大红酸枝是清代晚期乃至民国高档家具的主要用材。

图1-21
明·回纹竹榻
《马骀画宝》

图1-22
明·马蹄腿榻
《马骀画宝》

图1-23
明·炕几、榻
《马骀画宝》

图1-24
清·透雕花罩架子床
江苏南通贸易信托店藏

图1-27
清·双套环卡子平头案
王世襄藏

图1-25
清·藤皮矮老榻、鼓架
《三希堂画宝》

图1-28
清·六腿团花圆桌
江苏苏州纲师园藏

图1-26
清·鼓形如意腿圆桌
北京故宫博物院藏

图1-29
清·靠背椅、书案
《三希堂画宝》

大红酸枝

第二章

大红酸枝红木市场行情：八年涨八倍

中国红木古典家具源于唐、兴于宋、盛于明清。自从1840年鸦片战争以后逐渐衰落。它默默地在中华大地上等待了一个多世纪，直到20世纪80年代初，随着我国改革开放的春风，红木古典家具行业才又老树开新花，孕育出中华民族的"当代红木家具"。

当代红木家具在20世纪80年代初由深圳开始向全国导入。它的导入期将近20年，2000年《红木国家标准》的颁布，标志着当代红木家具导入期的基本完成。从2000年到2020年左右，是当代红木家具的生长发展期。在这个时期，当代红木家具行业将要出现两个"大高峰"和两次大震荡。除此之外，在当代红木家具的发展进程中，还将有七八次小震荡。大大小小的震荡推动当代红木家具发展到"成熟期"。

因为当代红木家具还没有进入"成熟期"，所以现在红木市场行情很不稳定，一会儿涨，一会儿落，曲曲折折地向上攀升。黄花梨家具的价格十年涨了二十倍。大红酸枝家具的价格八年上涨八倍，而且还在继续大幅度上涨。许多红木行家都说，在今后的五年内，大红酸枝将成为第二个黄花梨。

第一节　大红酸枝是珍贵的高档红木材料

2000年颁布的《红木国标》，规定了正宗的红木有5属8类33种，其中红酸枝木类有7种。在7种红酸枝中最好的木料是老挝产的"交趾黄檀"，俗称老红木或老挝红酸枝老料。本书使用"大红酸枝"这个概念，其实就是"交趾黄檀"。

大红酸枝，隶豆科，黄檀属，由于新切面有酸香气，故称之为酸枝，主要分布在东南亚地区。大红酸枝作为高档家具木材，是有历史渊源的，清代中期以来，紫檀木和黄花梨日渐难求，开始从南洋（东南亚一带）进口优良木材替代，其中最好的就是老挝和泰国产的"交趾黄檀"。当时人们管大红酸枝叫"紫榆"，广东称为"酸枝"，长江以北多称之为"老红木"。

大红酸枝心材的新切面紫红褐色或暗红褐，常带黑褐或栗褐色深条纹。管孔在肉眼下略见，含黑色树胶，所以常有红酸枝黑料出现。大红酸枝有酸香气或微弱的酸味。结构比较细，纹理通常直，气干密度1.01～1.09克/立方厘米。泰国产的大红酸枝在20多年前就已经绝迹了，柬埔寨产的大红酸枝在10年前就已经绝少了，目前老挝产的大红酸枝也为数不多，再过五年也将成为凤毛麟角了。

俗话说："物以稀为贵"。大红酸枝越来越稀少，所以越来越名贵。只有使用名贵的木材制造的家具，再加上精雕细刻，才是最高档的红木家具，才有极大的升值空间，才有艺术欣赏和收藏价值。使用大红酸枝制作的红木家具，高贵典雅，古香古色，从里到外都散发着诱人的美感。因而，大红酸枝家具受到各界人士的青睐。我的一个朋友，一年之间在我手里买了三次大红酸枝家具，而且还想买。他说："大红酸枝家具就像红色的鸦片，一买就上瘾。家里只要有一套红木家具，其它家具就都显得暗淡无光了。"

2013年6月联合国把"交趾黄檀"列为世界二级保护植物，老挝政府对它下达了"禁采令"，并且封关禁止大红酸枝出口。一石激起千层浪，老挝产的大红酸枝在国内木材市场成为"明星"，一月之间暴涨百分之八十以上。

第二节　近八年来大红酸枝价格上涨八倍

从2005年下半年至2013年上半年，我国红木原材料和红木家具普遍上涨，其中暴涨最厉害的要属黄花梨。越南黄花梨家具2005年北京市场的价格是：顶箱柜8万元～12万元；素圈椅（三件套）1万元～1.5万元；独板小条案5000元～8000元。2012年北京市场的价格是：顶箱柜150万元～300万元；素圈椅（三件套）30万元～50万元；独板小条案10万元～20万元。越南黄花梨家具八年上涨二十多倍。其中2010年至2011年暴涨得最多，不到一年的时间就暴涨十倍。海南黄花梨家具更是没有谱，因为海黄原材料绝少，所以在市场上没有准谱的价格。

黄花梨在当代红木家具发展史上成为新的神话，在目前的红木家具市场成为有价无市的镇店之宝。继黄花梨暴涨之后，大红酸枝接踵而来，它上涨的势头汹涌澎湃，大有后来者居上的苗头。八年来，全国红木家具市场的平均价格，大红酸枝家具上涨八倍，而且还在继续走强，升值空间仍然很大。红木专家和业内有识之士断言，五年之后，大红酸枝将成为红木家具发展史上的第二个"黄花梨"。

为什么说大红酸枝五年后将成为第二个"黄花梨"呢？让我们回顾一下大红酸枝原材料和大红酸枝这八年来的价格走向吧。

从鱼珠木材指数网监测数据显示：大红酸枝木材2005年至2006年0.8万～1.2万元/吨；2007年至2008年4万～6万元/吨；2009年受世界经济危机影响，大红酸枝下跌50%左右，3万～5万元/吨；2010年反弹4万～6万元/吨；2011年前五个月暴涨50%左右，8万～9万元/吨；2011年底有所下跌7万～8万元/吨；2012年继续上涨为8万～12万元/吨；2013年6月至8月暴涨100%以上，15万～25万元/吨。

综上所述，大红酸枝原材料八年上涨十多倍，虽然期间偶尔有跌，但时间很短，跌幅也较小。在这八年间，有时红木市场会出现家具与材料价格倒挂的现象。例如，北京福星古月红木家具公司2013年5月销售了300多万元的大红酸枝家具，6月份购进大红酸枝木材，300万元的材料制造不出200万元的家具来，一月之间福星古月公司亏损100多万元。再例如，2013年7月至9月的北京红木家具市场，大多数卖主对买主说："我给你这个价，你还嫌贵！你知道这是用原来买的红酸枝做的，如果用现在买的红酸枝做，这个价钱连木料钱也不够啊！"

第三节　大红酸枝近期升值空间最大

近期红木家具价格不断上涨，使得人们又开始关注起红木市场，对于大部分消费者来说，无论是真正喜爱红木，还是作为一种投资手段，都希望自己购买的红木家具既能长期使用，又具有很好的收藏和投资前景。那么，哪些材质的红木家具更值得收藏和投资呢？笔者认为，目前众多红木种类中，大红酸枝家具最具收藏和投资价值，大红酸枝在近几年内升值空间最大。

为什么说大红酸枝近期升值空间最大呢？理由有以下三点。

第一，从木质木性看，大红酸枝与黄花梨、紫檀木一样，自古以来都是制造高档红木家具的优质材料。大红酸枝木质坚硬，纹理细润，深红色，大花纹。用大红酸枝制作的红木家具，高雅华贵，古香古色。在一般人眼中，大红酸枝家具与紫檀家具没什么两样。

既然大红酸枝与黄花梨、紫檀一样名贵，为什么黄花梨与紫檀家具那么贵，简直是天价，而大红酸枝家具的价格比它们低好多倍呢？

所以说，黄花梨与紫檀家具的升值空间不是很大了，而大红酸枝家具的价格还会大幅上涨，一直涨到与黄花梨、紫檀家具价格差不多为止。

第二，从消费者的审美情趣看，大红酸枝的色彩和纹理等更受多数人群的喜爱。

中国人喜欢红色，结婚、庆典等喜庆活动都是披红戴花。中华民族的传统文化，红色是吉祥色。大红酸枝的色彩正符合中国消费者的审美情趣。尤其是大红酸枝中的老黑料，黑中透着红，红中罩着黑，黑红成趣，更有一种诱人的美感。

正因为大红酸枝家具符合大多数消费者的审美情趣，所以大红酸枝家具的欣赏价值更高。在红木家具市场上，价格与价值往往是不成正比的。虽然大红酸枝家具的价值很高，但它的价格目前还不算高。所以，大红酸枝家具在今后几年内，其升值空间是最大的。

第三，从商品的供求关系看，大红酸枝的供小于求，而且会越来越供不应求。

世界上产交趾黄檀大红酸枝的地区只有泰国、柬埔寨和老挝的部分地区。泰国的大红酸枝早已绝迹,柬埔寨的大红酸枝在十年前也被砍伐一空,老挝的大红酸枝也所剩无几。2013年6月,联合国把交趾黄檀大红酸枝列为二级保护植物,老挝政府下达"禁采令"并封关堵住大红酸枝木材的外流。

俗话讲,物以稀为贵。大红酸枝木料绝少之后,用其制作的红木家具就更加名贵。越是得不到的东西,才是最好的东西。想得到好东西的人群越来越多,大红酸枝家具的产量越来越少,而需求者越来越多。正是这样的市场供求规律决定了大红酸枝近期升值空间最大。

大红

酸枝

第三章

大红酸枝家具的制作工艺

红木家具自古以来就是世间最高档、最典雅的艺术家具。红木家具作为一种器物，不仅仅是单纯的日用品和陈设品，它除了满足人们的起居生活需要外，还具有丰富的文化内涵。雕刻艺术在红木家具上的体现，表明红木家具是多项艺术的综合载体。红木家具的雕刻装饰题材，生动形象地反映了人们的审美情趣。

众所周知，红木家具是最名贵的。到底什么样的家具才是真正的红木家具呢？

使用老榆木、樟木、亚花梨等硬木，按着红木家具的制作方法制造出来的家具属于红木家具吗？不属于！无需论证，人人明白，大家都知道只有使用正宗红木材料制造的家具才属于红木家具。目前家具市场上流行的老榆木家具，樟木家具，金丝楠家具和亚花梨家具等，充其量算是仿古家具。

难道说使用正宗红木材料制造出来的家具都是红木家具吗？也不是！真正的红木家具包括两个基本概念，其一：只有使用正宗红木材料制造出来的家具可称红木家具；其二：红木家具必须按照传统的明清古典家具的工艺流程制作，并且达到一定的艺术水平和各项工艺标准，这样的家具才是真正的红木家具。

有个红木厂家使用大红酸枝，按照现代板式家具的制作方法制造了一批家具。这个厂的老板请我去参观，自豪地对我说："胡老师，我迎合青年人的需求，制作这些新颖的红木家具，算不算是红木家具的创新呢？"

我轻轻摇摇头，叹了一口气说："老板呀，你这算什么创新啊！简直是暴殄天物，糟蹋好材料。红木家具需要创新，但是必须要在继承的基础上去创新！如果没有继承，你创得是哪家子新呢？你的这些所谓创新的红木家具，不伦不类，没有款型，没有艺术，没有特点，也就没有卖点。"

那个老板不等我把话说完，就生气地骂我："别说啦！你以为你是谁呀！你不是工匠出身，只不过是个纸上谈兵的书呆子，我创新的这批红木家具到底好不好，你说了不算！市场才是检验真理的唯一标准。"

在一年之内，那个老板创新的"红木家具"换了三个家具市场展销，结果连一件也没卖出去。中老年人看后摇头叹气，青年人看后，觉得颜色深沉，有压抑感，而且价格昂贵。结果那个老板不得不接受这个失败的事实，并且牢牢记住了这个教训。

第一节　木材烘干与打样工艺

红木家具的制造往往直接取决于用材的性质。红木系列中5属8类33种木材，在木质木性上有一定差别，因此，用材的烘干处理就成为家具质量的先决条件。大多数红木材料常常含有油脂，加工成家具的部件容易"走性"，也就是说容易开裂或变形。

古代的工匠们在处理木性方面，一般都是先将原木沉入水质清澈的河边或水池中，经过数月甚至数年时间的浸泡，使木材里面的油脂慢慢渗透出来，然后将浸泡过的原木拉上岸，待晒干后锯成板材，再存放在阴凉通风的地方，任其慢慢地自然干燥。

古代这种硬木用材的传统处理方法，所需时间较多，周期较长，当代红木家具的制作已不再使用了。当代红木家具在处理木性方面使用的是木材烘干技术。2000年以前使用的"土窑"烘干，这种烘干方法完全靠工匠的经验掌握火候，弄不好往往把木料烘爆、烘糊，甚至烘干房着火。2000年以后，规模较大的红木厂家首先使用电脑调控的现代化蒸汽烘干房，到现在为止，全国的红木家具企业基本上使用之，只有极缺资金的小作坊还在使用土窑烘干房。

在木性的处理方面，除了烘干木料之外，在家具制作上还采用"水沟槽"的做法，即在面板入槽的四周与边抹相拼接处留出一圈凹槽（也叫伸缩缝），可避免面板因热胀冷缩而发生破裂或开榫现象。

木料烘干处理好以后，在制作红木家具之前，总要先配料划线。划线也叫"打样"。过去没有图纸，家具的式样都是师徒相传，一代一代口传身教。家具的新款式，主要依靠工匠中的"创样"高手，在江南民间称他们叫"打样师傅"。打样师傅也就是现在的家具设计师。

古代红木家具的制作，通常是由大户人家（买主）聘请能工巧匠到自己家中"做活"，少则数月，多则数年。工匠们根据用户的要求，从开料打样做起，一直到整堂成套家具完工，都是用户与工匠们共同商量的。因此，在古代的硬木家具行业有所谓"三分匠，七分主"的说法，意思是指工匠师傅的打样设计，往往需要依照主人的要求进行。有时，用户甚至直接参与设计。所以说，红木家具的传统式样，都是工匠与用户集体创造的。

第二节　精湛卓越的木工工艺

具有优良传统的木工加工手艺发展到红木家具制造的年代，已达到登峰造极的地步。木工行业中流传着所谓"木不离分"的规矩，就是指木工技术水平的高低，常常相差在分毫之间。"明式家具"的木工工艺要求特别严格，一丝一毫都不能搞错。在红木家具行业流传这样的说法：长一分则高，短一分则矮，宽一分则肥，窄一分则瘦，高矮胖瘦都是"病"。同样的红木圈椅，为什么有的就受看，越看越顺眼，越看越有味道；为什么有的看上去就不顺眼？原因就是制作的尺寸比例不对。

在红木家具制作行业，"苏作"对工艺要求更讲究。在苏州的红木家具行业中，至今仍流传着"调五门"的故事。传说在晚清时有位姓陈的木匠师傅，手艺特别好。有一次，他被脾气特别古怪的"落魄秀才"请去制作一套梅花桌凳。前不久，有好几个木匠都被他赶出家门，连一文钱也不给，原因就是制作的梅花凳不合他的口味。陈师傅为了证明自己的木工手艺高明，让主人在地上撒了几把石灰，然后将他做好的梅花凳放在石灰上面。梅花凳在石灰上压出五个脚印来。陈师傅当着主人的面调换梅花凳脚印的位置，经过四次转换调动，每次五个凳足都恰好落在原先印出的石灰印里，无半分半毫的偏差。那个古怪的"落魄秀才"高兴地大笑起来，他不但给陈师傅加了工钱，而且还写文章赞扬陈师傅精湛卓越的木工工艺。后人把陈师傅用撒石灰调动梅花凳足的位置来检验家具质量的方法，称之为"调五门"。

红木家具区别其他家具的制作工艺，最明显的就是科学合理的榫卯结构。红木家具常用的榫卯可分为几十种（榫卯结构示意图14幅），归纳起来最常用的有以下这些：格角榫、透雕榫、长短榫、来去榫、抱肩榫、套榫、札榫、钩挂榫、穿带榫、托角榫、燕尾榫、走马榫、粽角榫、夹头榫、插肩榫、楔钉榫、银锭榫、边拱榫等等。能工巧匠们运用各种榫卯，可以把家具的各个部件牢固而美观地组合起来。

有人认为，精巧的榫卯是用刨子加工出来的。其实，除槽口榫使用专门刨子外，其他的均使用凿和锯来加工。凿子根据榫眼的宽狭有几种规格，可供选用。榫卯一般不求光洁，但需平整，榫与卯一定要做到不紧不松，天衣无缝。我国红木古典家具运用榫卯工艺，替代了铁钉和胶，而且比铁钉和胶令家具更坚实牢固。

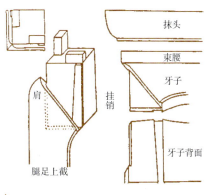

榫卯结构示意图14幅

图3-1　抱肩榫

第三节 出神入化的雕刻工艺

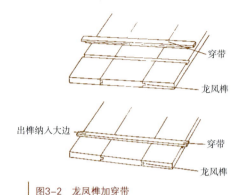

图3-2 龙凤榫加穿带

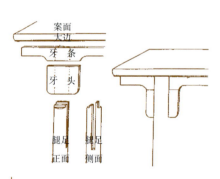

图3-3 夹头榫

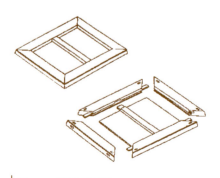

图3-4 攒边打槽装板

红木家具上的雕刻装饰就像锦上添花，把红木家具打扮得更加高雅、华贵和美丽。红木家具雕刻的每个图案都是符合国人审美情趣的故事和传说。为了让雕刻艺术在红木家具上得到充分的展示，能工巧匠们运用多种木雕形式，创造了多种雕刻装饰的艺术手法。常见的有线雕、阴刻、浮雕、透雕、深雕和圆雕等。

线雕是指在平面上用V形的三角刀起阴线的一种装饰手法。这种手法雕成的花纹图案犹如勾勒白描，优美生动的线条宛如游丝，刻画自如，生趣盎然。阴刻是指凹下去的雕刻方法的泛称，如花叶的筋，动物的羽毛等。浮雕顾名思义是花纹高起底面的雕刻形成，根据花纹的高低程度，有浅浮雕与深浮雕等区别，深浮雕又称为深雕。透雕，就是将底子镂空而不留地的雕法，可以用来表现雕刻物整体的两面形象。圆雕是立体的雕刻形式，以四面浑然一体的手法表现雕刻的内容。红木根雕工艺品就是运用的圆雕手法，红木家具的柱料、横料的端头和腿足等部位往往使用圆雕。

红木家具的雕刻深受清代建筑木雕工艺手法的影响，变化较多，形式繁杂。但由于木质和木性功能的差异，红木家具的雕刻又与建筑木雕不同。一般来说，红木家具的雕刻更求耐看和近看，因而更加讲究，更加追求艺术性。

2000年以后，当代红木家具的雕刻开始使用现代化的雕刻机。雕刻机的出现，一方面解决了雕工不足的问题；另一方面又创新了"机雕"工艺手法。虽然机雕没有手工雕刻生动自然，但是在花边和连续性的图案雕刻上要比手工雕得整齐、规范和细腻。目前，当代红木家具的雕刻最佳方法，就是机雕与手工雕刻相结合。

红木家具的雕刻图案都是寓意吉祥、祝福、美好的故事和传说，雅俗共赏，情趣盎然。出神入化的雕刻工艺，大大增强了红木家具的艺术欣赏价值。

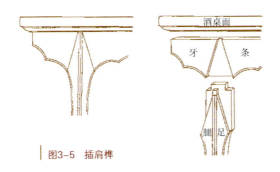
图3-5　插肩榫

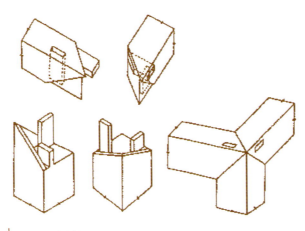
图3-6　棕角榫

第四节　明莹光洁的打磨工艺

红木家具的制作工艺，自古以来就有"南漆北蜡"的说法。在南方，由于天气潮湿，红木家具的外表都要揩漆，不上蜡。漆工加工的工序和方法虽各地有差异，但制作的基本要求大致相同。揩漆是一种传统手工艺，采用生漆为主要原料。生漆又称大漆，加工生漆是关键性的第一道工序，故揩漆首先要懂漆。揩漆的一般工艺过程先从打底开始，也称"做底子"。打底的第一步又叫"打漆胚"，然后用砂纸磨掉棱角。过去没有砂纸时，传统的做法是用面砖进行水磨。第二步是刮面漆，嵌平注缝。第三步是磨砂皮。第二道工序是着色。第三道工序是打磨，传统的做法是用砂树叶子浸水打磨家具的表面，打磨光滑为止。第四道工序是连续揩漆三次，叫做"上光"。上光后的家具明莹光亮。

以"京作"为代表的北方红木家具的制作工艺与南方不同，红木家具的表面不揩漆，而是上蜡。上蜡之前需要打磨，因而打磨工艺在北方的红木家具制造上是一项很重要的工序。

红木家具做好之后，首先进行的是"刮磨"，这是打磨的第一道工序。"刮磨"顾名思义就是又刮又磨。"刮"是选用不同型号的刮刀把家具表面粗糙的东西刮掉。"磨"是把红木家具的表面磨平磨滑。其次

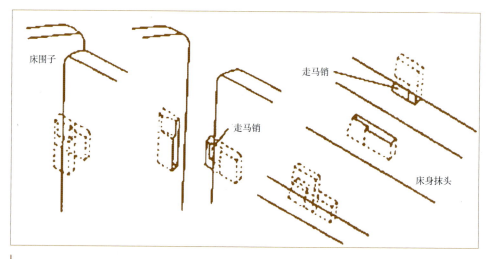

图3-7　走马销

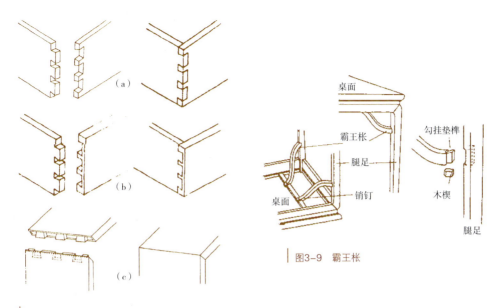

图3-8 燕尾榫

图3-9 霸王枨

进行的是"粗磨",这是打磨的第二道工序。当代红木家具的打磨工艺使用的工具是"砂轮机"和砂纸。"粗磨"就是使用"砂轮机"或粗砂纸,反反复复地磨平磨光家具的表面。再次进行的是"细磨",这是打磨的第三道工序。细磨使用的是细砂纸,千百万次的摩擦,致使红木家具的表面光润细滑。有人喜欢只打磨不上蜡的红木家具,这样的家具叫做"白茬"或"素身"家具。但是,绝大多数的红木家具都要上蜡。

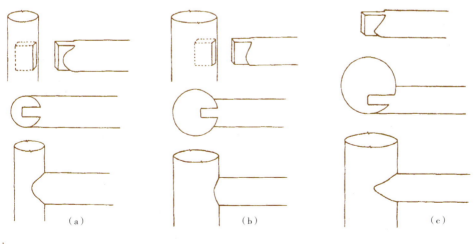

图3-10 圆材丁字形接合

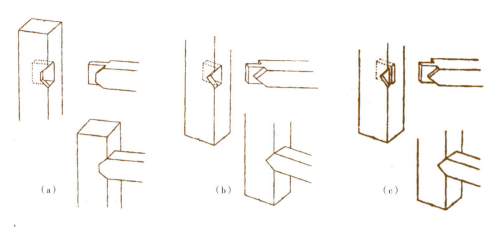

图3-11　方材丁字形接合

因为北方干燥，红木易裂，上蜡可以保护与减缓红木家具开裂的程度。

打磨好的红木家具需要进行最后一道工序——上蜡。上蜡工艺一般分为三种，其一是"打蜡"；其二是"烫蜡"；其三是"煮蜡"。上蜡使用原料均为蜂蜡。"打蜡"就是在红木家具表面直接擦蜡，然后反反复复地进行摩擦。打蜡的家具光润平滑，但不太亮丽，保持了红木家具原汁原味的本色。喜欢"白茬素身"的消费者，最适合打蜡的红木家具，因为这种红木家具能够给他们带来古香古色、返璞归真的怀旧感觉。

"烫蜡"工艺的特点是：晶莹透亮，光鲜艳丽。"烫蜡"就好比是化浓妆，能够遮掩家具表面的瑕疵。烫蜡的技艺要求比较高，既要掌握蜂蜡的性能、熔点，又要掌握好喷枪的火候，否则，不是把家具烫糊烫坏，就是蜂蜡熔不进红木的毛孔之中去。

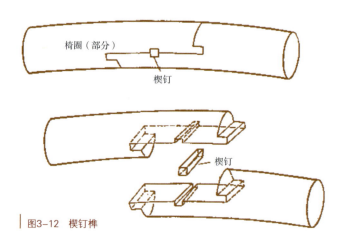

图3-12　楔钉榫

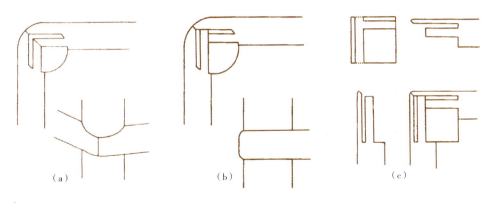

图3-13 裹腿枨

经过烫蜡的红木家具一般不易开裂,适合大多数的红木消费者使用。

"煮蜡"工艺是一种特殊的工艺,其工序有三:第一,把打磨好的红木家具零部件放进特制的大锅里煮,煮蜡的大锅里是配好的水和蜡。经过一定的时间后,把那些零部件捞上来晾干。第二,把零部件表面的蜡刮磨掉,然后再放进煮蜡锅里去煮,经过一定时间后,再捞上来晾干。第三,把零部件整合成红木家具,再把整合好的红木家具放进煮锅里煮上一段时间。最后,经过细致的打磨,光亮照人的红木家具就打扮好了。"煮蜡"的红木家具最不容易开裂。但是,由于它打扮得太亮丽了,就和揩漆的红木家具一个样了,有失优质红木的本色,所以,在红木家具市场所占的比例不多。

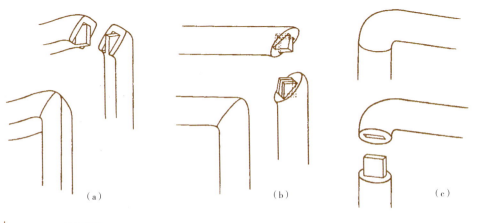

图3-14 直材角接合

大红

酸枝

第四章

大红酸枝家具的鉴别与选购

随着大红酸枝家具被越来越多的人所喜爱，红木市场弄虚作假的现象也越来越多。有的不法厂商用白酸枝上色冒充红酸枝；有的用其他产地的红酸枝冒充老挝红酸枝；有的"超标"使用酸枝白皮；更有甚者用非洲产的硬杂木，打着"非洲红酸枝"的牌子冒充大红酸枝……

前几年，笔者在北京一个颇有名气的家具市场展销大红酸枝家具。一个中年顾客来到笔者家展厅，他观赏了一遍所有的大红酸枝家具后赞扬说："真不错！真不错！选料精，做工细，造型美，真是好东西啊！"接着他叹了一口气说："唉！可惜啊，就是爱裂呀……"

"先生，您好！您说我家的红木家具爱裂，那么，请问：谁家的红木家具不爱裂呢？"笔者笑着反问那位顾客。

"黑师傅说了，他们家的红木家具不裂。"

"为什么他们家的红木家具不裂呢？"

"黑师傅说了，他们家的红木是海里长的，你们家的红木是山里长的。你们家山上长的红木风吹日晒，肯定要裂的。他们家的红木在海水里浸泡，就像用盐水浸泡一样，用盐水浸泡过的木料永不开裂。"

"哈！哈！哈！"没等他说完，我就忍不住大笑起来。

我随手抄起毛笔，在大黄纸上写道："敬告顾客：海里长的是海带！"那个顾客看后哈哈大笑走了。

我讲的这个故事是个真实的故事，没有虚构，也没有夸张。现在的红木家具市场，鱼龙混杂，良莠不齐。有的不法厂商为了推销自己的假冒伪劣产品，不择手段地高薪聘用没文化、没知识、没道德、没经过任何培训的"吹牛大王"卖货。那些不学无术的"吹牛大王"们为了追求高额提成奖金，则信口开河，胡说八道，把红木爱好者和消费者搞得晕头转向。

为了正本清源，以正视听，笔者用最简练的语言阐述一下《红木国标》关于红酸枝的规定；大红酸枝与其他红酸枝的区别；大红酸枝家具的防伪识真。

第一节 《红木国标》关于红酸枝的规定

什么是红木?红木是当前国内传统的古典家具用材约定俗成的名称。它不是特指某一种木材,而是泛指"深色的名贵硬木"。2000年以前红木市场秩序混乱,对于红木的叫法五花八门,很不规范。一些不法厂商浑水摸鱼,以假乱真。为了规范红木市场和保证红木产品质量,2000年国家质量技术监督局发布了《中华人民共和国国家标准(红木)》,简称《红木国标》。

《红木国标》规定了"5属8类33种"红木材质。5属有紫檀属、黄檀属、柿属、崖豆属和铁刀木属。8类有紫檀木类、花梨木类、香枝木类、黑酸枝木类、红酸枝木类、乌木类、条纹乌木类和鸡翅木类。红酸枝木类有7种:巴里黄檀、赛州黄檀、交趾黄檀、绒毛黄檀、中美洲黄檀、奥氏黄檀和微凹黄檀。

《红木国标》强调了三项原则:第一,只有"5属8类"的红木心材才能称为红木。虽然边材与心材是连在一起的,但由于边材是活性细胞,与心材在颜色、密度和结构上完全不同,所以《红木国标》不允许使用边材(白皮)。如果一点边材都不允许使用,那么太浪费了,红木家具的成本也太高了。2008年国家发改委又发布了《行业标准》,规定:在制造红木家具时允许使用边材(白皮),但是"产品正视面的用材应无边材;其他部位零件表面的边材面积含量,应不超过该零件表面积的百分之十"。

第二,《红木国标》强调"类",不强调"属"与"种"。因此,中国林业科学院和其他木

红木材质与其他材质13幅样板图照

图4-1 降香黄檀(海南黄花梨)木样

图4-2 檀香紫檀(小叶紫檀)木样

材鉴定部门，只鉴定到"类"，不做"种"的鉴定。在红木家具市场的买卖合同中也是写"类"不写"属"和"种"。

第三，《红木国标》强调现代科学的"测定方法"，按照这个《红木国标》测定红木的真假，离不开庞大的检测设备。因此，别说是外行，就是起草《红木国标》的专家，离开检测设备，也分辨不清红木实物。笔者认为，《红木国标》太专业了，应当再大众化一些。

大红酸枝是《红木国标》规定的红酸枝木类中的"交趾黄檀"。主要产地有老挝和柬埔寨。交趾黄檀心材新切面紫红褐或暗红褐，常带黑褐或栗褐色深条纹。管孔在肉眼下略见，含黑色树胶，所以常有红酸枝黑料出现。交趾黄檀有酸香气，结构比较细，纹理通常直，偶尔有弯曲的大花纹。气干密度1.01~1.09克/立方厘米。柬埔寨产的"交趾黄檀"已绝少了，老挝产的"交趾黄檀"也为数不多，再过三年，"交趾黄檀"将无新原木上市了。

图4-3 交趾黄檀（大红酸枝）木样

图4-4 东非黑黄檀（紫光檀）木样

图4-5 卢氏黑黄檀（大叶紫檀）木样

第二节　大红酸枝与其他红酸枝的区别

目前的红木家具市场正宗的红酸枝主要有四种：交趾黄檀、巴里黄檀、奥氏黄檀和微凹黄檀。使用交趾黄檀制作的大红酸枝家具最受市场欢迎，其价格平均比其他红酸枝家具高百分之五十以上。

一、大红酸枝与"缅酸"的区别

"缅酸"是黄檀属红酸枝木类中的"奥氏黄檀"，俗称"白酸枝"。"白酸枝"叫法是不科学的，因为木材学上没有"白酸枝"一说，中国林业科学院木材检验所鉴定为"浅颜色的红酸枝"。"缅酸"因为颜色浅，条纹细，所以制作家具要着点色，就像女人化妆。

大红酸枝天生丽质，不需要化妆，她那古色古香的天然美，诱惑人竞价相购，致使越来越昂贵。大红酸枝与"缅酸"的主要区别有三：其一，大红酸枝深红色、大花纹；"缅酸"浅红色、细条纹。其二，大红酸枝比"缅酸"略重一些，大红酸枝气干密度为1.01～1.09克/立方厘米；"缅酸"气干密度为0.95～1.0克/立方厘米。其三，大红酸枝比"缅酸"油脂多，光润度高，因而，大红酸枝家具更容易包浆。出现"包浆亮"的大红酸枝家具就像紫檀家具一样漂亮。

二、大红酸枝与老挝红酸枝新料的区别

所谓的老挝红酸枝新料就是黄檀属、红酸枝木类中的"巴里黄檀"。它产于老挝与缅甸交界的老挝境内。因为老挝产的交趾黄檀200年以上才成材，因其树龄老，故称老挝红酸枝老料。老挝产的巴里黄檀一般百八十年就成材，因其树龄短，故称老挝红酸枝新料。

俗称老挝红酸枝新料的"巴里黄檀"，其特征有三：第一，它比"交趾黄檀"分量轻一些；比

图4-6　微凹黄檀（可可波罗）木样

"奥氏黄檀"分量略重一点。第二，它比"交趾黄檀"颜色浅一些，花纹小一些，比"奥氏黄檀"颜色深一些，条纹粗一些。第三，它比"交趾黄檀"的油脂少；比"奥氏黄檀"的油脂多。因此，它更容易被不法厂商冒充"交趾黄檀"而欺骗消费者。

三、大红酸枝与微凹黄檀的区别

微凹黄檀主要产于巴拿马、墨西哥等中美洲国家。它也是正宗的红酸枝木类，因为引进我国时间短，未被更多的人认可，所以价格比交趾黄檀便宜很多。目前全国各地都有用微凹黄檀冒充交趾黄檀的。

微凹黄檀心材新切面为橘红色，久则呈紫红褐色，常带黑色条纹。其木材气干密度为0.98～1.22克/立方厘米，密度高，很坚硬，加工性能好，具有光泽和油性感。适宜制作高档红木家具，更适宜制作红木工艺品。

微凹黄檀与交趾黄檀颜色与纹理极为相似，都是深红色、大花纹，而且微凹黄檀花纹比交趾黄檀还要大一些。光从表面看，甭说是外行，就连内行人也往往打眼，分不清哪件是交趾黄檀家具，哪件是微凹黄檀家具。

怎样区分微凹黄檀与交趾黄檀家具呢？要靠经验，凭着千百次观察两者的实践经验，会找出两者细微的差别。交趾黄檀的花纹更黑一些，而微凹黄檀的花纹黑中泛灰色；交趾黄檀的深红色，有类似名贵的葡萄酒颜色的感觉，而微凹黄檀则没有这种感觉……

图4-7　奥氏黄檀（缅甸酸枝）木样

总之，交趾黄檀与微凹黄檀家具太难区分了。广大读者在选购大红酸枝家具时最好请有经验的红木行家帮助选购，或者到讲信用的大品牌那里去买，免得上当受骗。

四、大红酸枝与红铁木豆的区别

红铁木豆是非洲产的一种硬木。它的密度、颜色、花纹等直观特征与红酸枝很相似。在2000年以前，红木家具市场普遍使用红铁木豆木，南方把它叫"红檀"，北方把它叫

"黄檀"。那时的国家和地方木材鉴定检验中心均把它鉴定为"红木"。不知什么原因2000年的《红木国标》没有把红铁木豆列入红木系列。

《红木国标》未颁布前,红铁木豆与红酸枝的价格差不多。《红木国标》颁布后,几年时间,红酸枝的价格青云直上,而红铁木豆的价格摇摇摆摆,上涨的幅度不大。目前大红酸枝原木的价格比红铁木豆要贵七八倍。因而使用红铁木豆冒充大红酸枝骗人的现象屡见不鲜。

去年,有位顾客到店里问我:大红酸枝曲尺罗汉床多少钱?我说:6万至8万。他怀疑地看着我说:"你是奸商吧?怎么这么贵?"我说:"本公司货真价实,名牌高档不高价,从不卖假货、烂货和黑价货。你说我卖得贵,那么请问谁家的不贵呢?"那位顾客从包里拿出一本画册,指着一张曲尺罗汉床的图照说:"你看,这是红酸枝罗汉床吧,人家给我报价才九千八,我还没砍价呢!"我看后微微一笑对他说:"先生,黄金是黄金价,黄铜是黄铜价,再次的金子比铜贵。你问那个厂家的罗汉床确实是用大红酸枝做的吗?"

"确实是大红酸枝!"

"哪个国家的?"

"他说是非洲产的,叫做非洲红酸枝。"

我送给他一本《当代红木家具百科全书》,微笑着对他说:"有时间看看这本书吧,看完后你就知道是怎么回事了。"几天之后,那位顾客又来了。他高兴地握着我的手说:"谢谢胡老师,你的这本书写得太好啦!我现在明白了,那个缺德的厂商是在用红铁木豆骗我。"

图4-8 巴里黄檀(老挝红酸枝新料)木样

图4-9 香枝木(越南黄花梨)木样

第三节　大红酸枝家具的防伪识真

图4-10　鸡翅木（铁刀属）木样

图4-11　红铁木豆（红檀）木样

红木家具是最名贵的家具，它与古董、瓷器、珠宝、字画等一样，都具有收藏保值价值。在购买红木家具时，首先要识别红木家具的真和伪。否则，购买了假货，会使你在物质和精神上都受到巨大损失。那么，怎样鉴别红木家具的真品与假货呢？2011年，化学工业出版社出版发行的《当代红木家具百科全书》，我在书中提出了红木家具防伪识真的"五步鉴定法"。即：望——观望颜色与纹理；闻——近闻气感与味道；敲——轻敲声响与回音；问——询问来历与细节；掂——掂量比重与手感。

《当代红木家具百科全书》出版发行后，不少读者朋友问我："胡老师，你写的'五步鉴定法'我看了好几遍，怎么还是分辨不出红木家具的真假呢？"我用同样的话一一回答读者朋友们说："要想真正识别红木家具的真假，除了学习红木知识，用理论武装自己的头脑外，更重要的是实践，实践是检验真理的唯一标准。如果你不进行大量的鉴别红木家具真伪的实践活动，甭说读了好几遍，就是把'五步鉴定法'背下来也不管用，因为，光靠纸上谈兵是不行的。"

在《大红酸枝收藏入门百料》这本书里，我再把"五步鉴定法"详细地阐述一下，以便更好地启发广大读者。

一、望——观望颜色与纹理

红木家具表面的颜色和纹理就好比是人的皮肤。老中医在给病人看病时，首先要观察病人的气色。红木家具的真品表面颜色正，纹理自然美丽，使人看着舒服。许多红木行家都说:"真正的红木家具很受看,越看越好看;假货不受看,猛一眼觉得还行,但是越看越别扭。"

例如,大红酸枝家具。一般来说,天生丽质的皮肤不需要涂脂抹粉。大红酸枝天生丽质,不需要着色上漆,只要打磨光滑上上蜡就行了。不着色不上漆的大红酸枝家具,应当有一些深浅颜色的反差,这是很自然的。正是这种深深浅浅、红红黑黑的颜色反差,才显得自然生动,黑红成趣,古色古香。当然,在制作大红酸枝家具时,选料要严格,尽量选一些颜色反差不太大的材料进行搭配,使用一根料制作那当然是最好。如果颜色反差太大,就会破坏大红酸枝家具的美感。

使用其他材料冒称大红酸枝,必须"化妆"。假的就是假的,伪装应当剔去。当我们观看正宗大红酸枝看多了,就会自然而然地产生一种感觉。如果你有意识地不断积累这种感觉,就会炼就能够辨伪识真的火眼金睛。俗话说,只要功夫深,铁杵磨成针。请广大读者经常练练自己的眼力吧。

图4-12　亚花梨(非洲紫檀)木样

二、闻——近闻气感与味道

红木家具的材质都有独特的气味。辨别红木家具材质的一个重要手段,就是仔细地闻一闻这种材质是什么味道。海南黄花梨有轻微的甜香味或药香味;越南黄花梨有辛辣的浓香味;小叶紫檀有淡淡的清香味;红酸枝有老陈醋一样的甜酸味……

请红木爱好者注意:真品红木的味道是平淡柔和的,它是一种有味近似无味的自然味道。而弄虚作假的味道是不自然的,隐隐约约总有一股化妆品的味道。

图4-13　大果紫檀(缅甸紫属花梨)木样

八年前，有不法厂商用非洲黄花梨冒充海南黄花梨，两者的价格在当时要差20多倍。因为"非黄"的颜色与纹理与"海黄"特别相似，就连业内人士都难以分辨真伪。一时之间，那些用"非黄"冒充"海黄"的不法厂商发了不小的"不义之财"。后来，有的红木行家使用"闻"的方法鉴定出了真伪。因为非洲黄花梨有一股难闻的臭味，这种臭味明明白白地告诉我们它是冒充"海黄"的假货。

大红酸枝的味道与其他红酸枝的味道没有太大区别，因此，除了"闻"之外，还要进行其他的鉴定步骤。笔者总结的"五步鉴定法"是需要综合使用的。

三、敲——轻敲声响与回音

因为每种红木材质的密度是不同的，所以，经过敲击它所发出的声音也是不同的。用手指的指关节轻轻敲击红木时，会有不同的感觉。这种声响回音与感觉是辨别红木真假的重要手段。当然，这种手段只可意会，无法言传。正像品酒师品酒一样，他凭借的不是科学论证，而是凭借经验与感觉。

大红酸枝家具与其他家具，在敲击时的感觉肯定不同。到底有何不同请广大读者们用心去实践一下吧。要注意，因为家具的板料薄厚不同，所以要特别注意这方面的差别，用心去排除因板料薄厚不同而发出不同声音的干扰。

敲，不是一种技术，而是一种感觉。这种感觉只有红木爱好者经过长期训练才有。因为敲击红木家具所产生的这种声音是不能用现代科学仪器进行分辨的，所以只有凭着自己的心灵来感应。世上无难事，只怕有心人。只要你用心去做，就会聆听到大红酸枝美妙的声音。

四、问——询问来历与细节

红木家具是怎么来的？是哪家制作的？它是什么材质？这种红木材质的产地是哪里？

它是否"满彻"？这些问题在购买红木家具时都要向卖主询问清楚。特别要注意细节，因为细节是决定成败的关键因素。

所谓的"问"，就是考察卖货人的可信度。在生意场上有句老话，叫做："从南京到北京，买的没有卖的精"，人虚货虚，人实货实。卖主是实在人，他就不会骗人。如果卖主是奸商，那么，骗你没商量。所以，在购买这么贵重的大红酸枝家具之前，要反反复复地询问卖主关于大红酸枝家具的细节。中国有句古话，叫做"言多语失"。话说多了，就会有破绽，如果卖主是奸商，总会露出马脚。那么，你就不要在他手里买货了，免得受骗上当。

五、掂——掂量比重与手感

行家里手在选购大红酸枝家具时，总是用手掂一掂。"行家一伸手，就知有没有。"因为每种红木材质的密度都不一样，所以分量也不尽相同。用分量的轻重衡量大红酸枝家具真假，这是其一，其二是靠手感来判断真假。

什么是"手感"？简单说就是当你用手去触摸大红酸枝家具时所产生的感觉。其实，"手感"是个很深奥的问题。这里面有个"天赋"和"悟性"问题，再加上长期训练才能产生辨别红木家具的手感。"悟性"与训练是相辅相成的，是缺一不可的。如果没有"悟性"，经过什么样训练也产生不了"手感"，成千上万的人一辈子从事红木家具的制作或销售，因为没有"悟性"，始终也没有产生能够辨伪识真的"手感"。如果你"悟性"再高，不经过实践，不经过训练，也不会有这种神奇的"手感"。

总之，"望"、"闻"、"敲"、"问"、"掂"，辨别大红酸枝家具真伪的"五步鉴定法"是综合的整体。大家在选购大红酸枝家具时要综合使用这五种手段。

大红酸枝

第五章

大红酸枝家具的鉴赏和养护

第一节　大红酸枝家具的艺术欣赏价值

每当翻开一本本红木书籍，每当把玩一个个红木工艺品，每当欣赏一件件精美的大红酸枝家具时，我都激动不已。大红酸枝所散发的红木文化激荡着我的心灵，陶冶着我的情操，净化着我的品德，启迪着我的智慧……啊！太美了，大红酸枝！

大红酸枝家具是艺术的家具，它具有很高的艺术欣赏价值。爱美之心，人皆有之。为什么大红酸枝家具受到各界人士的青睐呢？正因为它美。大红酸枝家具光润秀丽、黑红成趣、古色古香、高雅华贵，的的确确具有"红木的诱惑"。

许许多多的顾客朋友都说："红木家具啊！就像鸦片一样，一买就上瘾，买了还想买，不买就难受。"这是为什么呢？大概是因为购买红木家具者的审美情趣在不断提高吧。人们的审美情趣是不同的。笔者按照自己的审美情趣告诉读者们怎样来鉴赏大红酸枝家具。

"双鸟亲亲似有声，
梅花傲雪笑东风。
哪来鲁班神来笔，
精雕妙写是丹青。"

这首诗是一位资深的红木爱好者为自己选购的"花鸟罗汉床"所题。他为了得到这张心爱的大红酸枝罗汉床，在一个月的时间里，跑遍了北京红木市场的三百零八店，最终在福星古月公司"胡大侃红木超市"选定了它。

这张三围屏花鸟罗汉床，是满彻的大红酸枝精制而成。三围屏一木连做，均匀的色彩，和谐的木纹，运用"丝翎檀雕"工艺精雕细刻"一树梅花"和两只相亲相爱的小鸟。小鸟的羽毛，毛茸茸的，轻灵可爱；一树寒梅，傲雪盛开；这张罗汉床选料之精、做工之细、造型之美，的的确确散发着诱人的美感。

爱美之心，人皆有之。美，是大红酸枝家具的艺术价值。美，是大红酸枝家具传承红木文化的底蕴。美，是大红酸枝为什么这样红的原因所在。

还有一位退休多年的老教授，用自己大半生的积蓄购买了大红酸枝书房四件套。他高兴地为自己的书房写了副对联，上联是：室雅何须大；下联是：花香不在多；横批是：一套红木家具足矣。

第二节　大红酸枝家具的品相鉴赏

笔者把大红酸枝家具的品相分为上、中、下三品：上品"五绝"有神韵；中品"三好"形艺佳；下品"五病"无品味。

大红酸枝家具的主要神态是简练朴素，静穆大方。在造型和做工上充分体现出：简练、淳朴、圆浑、静穆等特点，这是第一绝。

第二绝，文绮、妍秀。虽然雕刻繁多，但无虚化做作之感。

第三绝，劲挺、柔婉。两品神态迥别，刚健阿娜，各臻其极，又互呈妙趣。

第四绝，空灵、玲珑。间架结构处理得当，取得令人赏心悦目的效果，玲珑则凭仗各个部位的透空雕刻给人们以灵巧剔透之感。

第五绝，典雅、清新。典雅言其有来历而不庸俗，清新言其大胆创新，给人们以新鲜明快的感觉。

以上五绝均可称为大红酸枝家具的上品。上品红木家具的特征是有神韵，能够对人的心灵产生诱惑。

大红酸枝家具的中品有三好，一是造型创意好；二是选料做工好；三是打磨光润好。简而言之，中品家具要求形艺俱佳。当然，形艺俱佳是相对的，是通过比较而得出的结论。它并不是十全十美的，而是通过与有"病"的家具比较，而感到它大有可取之处。

大红酸枝家具的下品，笔者称之为有"病"的家具，使人看后不舒服，总觉得有点别扭。当代红木家具从整体上看是健康的，但也有百分之二十左右的家具有"病"。有哪些"病"呢？主要有以下"五病"：

其一，繁琐。有的红木厂家制作大红酸枝家具，不是从造型创意上去追求神韵，而是考虑自己现有木料都用上，使本来空灵剔透的空间变得臃肿起来。雕刻也是无章法的堆砌，使人没有欣赏趣味。

其二，失位。红木家具某一个构件或某一种装饰在哪一个部位上出现是有规律可循的。如果符合规律,看起来就舒服。如果用在不合适的地方,违反了规律,看起来就别扭。

其三,尺寸不对。红木家具制作的尺寸很重要,过长、过短、过粗、过细都不行,否则看起来就别扭。有的厂商为了凑合木料的尺寸,违反了红木家具的尺寸标准,这就造成尺寸不对的病态。

其四,选料不精。大红酸枝的木料是有色差的,甚至色差还很大。按要求应当精选料,使整套的大红酸枝家具颜色均匀,纹理相似,即使有色差,也不能太大。可是,有的厂家不注重选料,随便拼接,造成"阴阳脸"和"乱纹"。

其五,线条呆滞。大红酸枝家具要求线条流畅、圆润飘逸。有些品相不好的红木家具,线条不直、不匀、不圆润,甚至生硬呆板,使人看了很不舒服。

以上是笔者总结的当代红木家具出现的五大毛病。凡是有毛病的红木家具都是下品家具,都是无品位、无品相的次货。广大读者朋友们在挑选大红酸枝家具时,应当仔细端详它的品相,有"病"的红木家具不要购买。

第三节　大红酸枝家具的保养

大红酸枝家具是人世间最名贵的家具之一。虽然大红酸枝是硬木，经久耐用，使用几百年后稍加修饰亮丽如新，但是这么贵重的家具谁也舍不得粗使滥用，谁也都会像爱护古董那样精心地使用和养护它。

一、大红酸枝家具美容"三要三不要"

房间要经常打扫，衣装要经常洗换，大红酸枝家具也要经常擦拭。

第一，擦拭大红酸枝家具要用柔软的干布擦，稍微潮湿一点的软布更好。最好用穿旧的纯棉内衣擦；千万不要用湿布擦，因为水中有对大红酸枝有害的杂质，这样会破坏大红酸枝家具美丽的光泽。

第二，如果大红酸枝家具太脏，使用"红木宝"或"碧丽珠"擦拭，因为这两种擦拭剂都是经过实践检验过对红木家具的养护大有好处的。在使用"红木宝"和"碧丽珠"时，千万注意要适量，不要过多。切忌用"洗衣粉"、"洗涤灵"等擦拭，因为这些有害的东西不但会破坏大红酸枝家具美丽的光泽，而且还会渗透到木质里面去，与木质中的油脂起化学反应，产生对人体健康有害的毒素。

第三，打蜡的大红酸枝家具要定期擦蜂蜡，半年到一年时间擦一次蜡为宜。三年到五年的时间请专业人员再给保养一次。千万注意不要自己"烫蜡"、"擦核桃油"、"皮鞋油"等。

二、大红酸枝家具摆放"五项注意"

第一，注意选好摆放位置。因为大红酸枝家具很重，不要总是挪来挪去，避免在挪动中划伤红木家具。

第二，注意不要离暖气太近。因为大红酸枝家具怕干燥，离暖气太近，就会使家具容易开裂。一般说来，离开暖气1.5米以上的距离比较合适。如果没有条件，也可以采取加隔离层、水族箱等防干燥措施。

第三，注意不要直晒大红酸枝家具。在炎热的夏季，要挂窗帘遮挡强烈的阳光，或者移动到不能直晒的位置。阳光的直晒会使大红酸枝家具变色，变得很难看。

第四，注意远离尖硬的物品。刀、剪、钥匙、破玻璃等都是大红酸枝家具的天敌。这些坚硬的东西会给大红酸枝家具破相毁容。

第五，注意干燥季节加湿。北方地区的秋冬季节比较干燥，此时要给有红木家具的房间加湿。养鱼、养花对人对红木家具都有好处。如果冬天暖气大开，室内特别干燥，可以使用一个土办法，就是在大红酸枝家具的底下或旁边摆放几小盆清水，这样可以产生一些水汽能够养护大红酸枝家具美丽的容颜。

总之，大红酸枝家具的保养是延长使用寿命和美容养颜的大问题，每个红木家具的使用者，都要精心爱护她、保养她。在养护大红酸枝家具的过程中，同时也会得到精神上的无比愉悦。

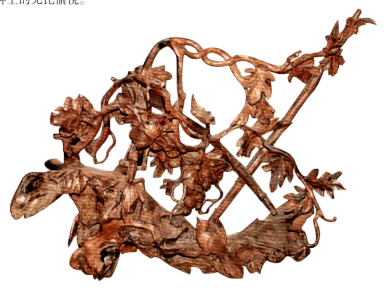

酸枝

第六章

大红酸枝家具与红木文化

红木家具是"体",红木文化是"魂"。就像人一样,没有灵魂的人,就是行尸走肉,没有身体的灵魂,就是孤魂野鬼。红木家具与红木文化是水乳交融的整体,不能把红木家具与红木文化割裂开来。正因为红木家具特有的深厚的古典文化底蕴,才使它与瓷器、珠宝、字画一样,具有艺术欣赏价值和收藏保值价值。

第一节　大红酸枝传承红木古典家具文化

有一个民间传说,大明朝的天启皇帝在当时的红木古典家具热潮中,让大内总管魏忠贤给他布置了一间"红木家具工作室"。他每天在工作室里锯呀、刨呀、凿呀、刮呀……还时常宴请当时的名工巧匠,虚心向能工巧匠请教木工技术问题。天启皇帝登基在位七年,竟然干了六年木工活儿,后人把他称为"木匠皇帝"。还甭说,天启皇帝做皇帝不行,他不理朝政,致使魏忠贤结党营私,谋害忠良,误国误民。他当木匠还真是个人才。他亲手制作的架子床,让太监拿到市场上去卖,成百上千的人争相购买。他精心制作的微型家具"乾清宫"让人看后赞不绝口。据说天启皇帝非常佩服诸葛亮制造的"木牛流马",他花了三年多的时间,终于把失传千年的"木牛流马"制造出来。天启皇帝制造出"木牛流马"之后不久就死了。天启皇帝死后,他制造出来的所有"木宝"也都在人间蒸发了。到底有没有"木牛流马"?如果有的话,

那么，诸葛亮和天启皇帝制造的"木牛流马"到哪里去了？这个很难破解的难题自有后人破解和考证。

一、大红酸枝家具是文人与工匠共同创造的家具艺术

自从大唐盛世开始，古代文人就按着自己的审美情趣设计家具图样，然后雇用能工巧匠精心制作。在制作过程中，工匠经常与雇主探讨协商，把原来的家具图样设计得更完美。所以说，红木古典家具是古代文人与工匠共同创造的。

大红酸枝家具继承了我国传统的古典家具艺术风格。在家具的品种和形式方面，大红酸枝家具堪称是红木家具大全。有追求天然的木质纹理之美的明式风格；有彰显富丽豪华的大雕大刻的清式风格；有秀丽多姿的"苏作"；有具皇家风范的"京作"；还有吸收外来文化创造的中西合璧的"广作"等等。

品种和款式的繁多，还不足以说明大红酸枝家具在我国家具发展史上的地位。它的榫卯结构，不使一个铁钉，却比用铁钉的家具还要结实牢靠多少倍。笔者认为，大红酸枝家具中的榫卯结构就是红木文化。榫卯结构在明代的黄花梨家具上已经出类拔萃；清中期的紫檀家具把榫卯结构的特色体现得更加完美；而清中期以后的大红酸枝家具，在继承的基础上创新了更多更美的榫卯文化。

二、大红酸枝家具承载着浓厚的文人情趣

自古以来，文人都喜爱红木家具。当代的文化人更是喜爱大红酸枝家具。文人的情趣在大红酸枝家具上主要体现在三个方面。

第一，追求天然的木质纹理之美。由于大红酸枝的木质纹理很美，所以大红酸枝家具备受文化人的青睐。尤其是独板的或一木联拼的大红酸枝家具，其妙趣天然的大花纹更是吸引有文化顾客的眼球。

第二，在家具的造型上追求结构严谨、线条流畅、清新自然。大红酸枝家具的制造工艺，正符合文人的情趣。有个退休的老教授用多年的积蓄购买了一套大红酸枝画案加书柜，他在书房里高兴地写了一副对联，上联是：书香墨香红木香，香香沁脑；下联是：纸好笔好画案好，好好开心。

第三，大红酸枝家具在雕刻装饰上反映了文化人的情趣。文人注重气节，清高、典雅、脱俗、潇洒，反映出文化人的内心世界。大红酸枝家具上雕刻的"梅兰竹菊"、"琴棋书画"、"步步高升"、"书香门第"、"岁寒三友"等等都是文化人喜爱的图案。

三、大红酸枝家具丰富了宫廷文化

中国封建社会特别漫长，具有两千多年的历史。皇帝是至高无上的主宰。"普天之下，莫非王土"。皇宫总是使用最好的家具。自从红木家具问世以来，皇宫里充满了黄花梨、紫檀、老红木为主要材质的各式各样的红木家具。

继黄花梨、紫檀木家具以后，老红木家具（即大红酸枝）成了宫廷家具的主流。宫廷家具凸显宫廷文化。大红酸枝家具中反映宫廷文化方面的特色有三：其一，选料精，一点"白皮"都不带。做工细，不惜工本地精雕细作。造型大，庞大的架构，厚重的板料，显出皇家的威严和至尊。其二，在雕刻图案上"唯我独尊"，上下尊卑的封建等级制度在大红酸枝家具上反映的特别明显。例如，雕龙的图案最具有宫廷文化的特色，皇家的红木家具雕的龙是五爪，而王府的红木家具雕的龙是四爪或三爪。民间使用的红木家具，只能雕刻无鳞无爪的"草龙"。

四、大红酸枝家具传说着美丽的民间故事

大红酸枝家具传承红木文化的一个最重要的方面，就是它的雕刻图案大多是美

丽的民间故事或是反映"人文"的神话传说。

最具有代表意义的"兰亭序"、"凤凰传奇"、"刘海戏金蟾"、"十八学士"、"清明上河图"、"嫦娥奔月"、"花好月圆"、"李白醉酒"、"群仙贺寿"、"岁寒三友"、"龙凤呈祥"、"吉祥如意"、"八仙过海"等等。大红酸枝家具上雕刻的这些故事和传说，反映了人们的追求和情趣，承载了中华民族灿烂文化的丰富与辉煌。

说文化，道文化，到底什么是文化？笔者认为，文化是人类追求物质美和精神美的社会现象。大红酸枝家具既有物质美，也有精神美，因此，它是厚载红木文化的载体，也是弘扬中华民族家居文化的典范。

第二节 大红酸枝家具的理念文化

红木家具自古以来就承载着中华民族的红木文化。千百年来，炎黄子孙把对美好生活追求的理念，通过各种方式在红木家具上加以表达。人们对美好生活的追求，归根到底是对真、善、美的追求。这样，就构成了人类追求真、善、美的理念文化。理念文化在大红酸枝家具上生动地表现在以下三个方面。

一、"真"的追求

大红酸枝家具首先要求的材质真，只有真正的红木材质，才能够传承红木文化。大红酸枝家具不着色、不上漆，要求纯真的本色。人们的理念文化同样也是推崇"本色"，历史上具有英雄本色的志士仁人，世世代代受到人们的爱戴与敬仰，具有纯真本色的大红酸枝家具也同样受到世世代代人们的喜爱。

人们的理念文化处处要求真，要做真人，交真心，做真事，说真话……真心、真情、真爱、真君子。大红酸枝家具在制造上要求真功夫，红木家具特有的榫卯结构是不允许弄虚作假的。能工巧匠的一雕一刻，一锯一凿，处处体现着真功夫在红木家具上的升华。如果没有真功夫，那么怎能制造出品相好的大红酸枝家具？怎能弘扬中华民族的红木文化？

请读者朋友拍着胸脯想一想，哪一行、哪一业，不论从事何种工作，有作为有出息的人，不都是一生一世在追求真功夫吗？

二、"善"的追求

人们的理念文化核心之一就是"善"。《三字经》开篇语就是："人之初，性本善"。"善"是人类的本质，质本善来还善去，这是真正的人生。只不过是人类社会文明的发展所产生的垃圾和毒素，蒙蔽了人们的双眼，污染了人们的心灵，使一些人利令智昏，而昧着良心干了一些不善之事。

大红酸枝家具以其优质良材的好品质,以其纯真、静穆、返璞归真的文化内涵,陶冶着人们的情操,净化着人们的心灵,使浮躁的人心在"花花世界"里冷静下来。当一个人静下来返璞归真之后,就能抵挡金钱美女的诱惑,抛弃私心杂念,一心一意做善人,做善事,回归人类的本质。

红木文化以其"求真向善"的人文理念,检验衡量着每一件大红酸枝家具的品相。品相好的大红酸枝家具可以传宗接代,被人使用、欣赏和收藏数百年。品相不好的,当代就淘汰。所以说,不是什么样的红木家具都具有收藏价值,只有那些符合人们理念文化要求的、品相好的红木家具,才具有艺术欣赏和收藏保值价值。

三、"美"的追求

古人云:"爱美之心,人皆有之"。"美"是人类理念文化的核心之一。自从盘古开天地,三皇五帝到如今,人类一直都在追求美和创造美。

红木家具是最美的家具。可以说在世界家具发展史上,红木家具达到了登峰造极的地步。大红酸枝家具的颜色与纹理,以及做工与雕饰,那更是"清水出芙蓉"、"神笔难形容"。尤其是大红酸枝家具上的雕刻图案,妙趣天然,活灵活现,真乃美不胜收啊!

大红酸枝家具不但雕饰的图案美,而其内涵更美。例如,红木雕刻的主要题材"梅、兰、竹、菊",就是理念文化的"四君子"。"君子喻于义,小人喻于利"。君子之风,厚德载物,此乃人类的美德啊!大红酸枝家具上雕饰的"祥云纹"和"如意图案"等也都体现了人们对"吉祥如意"美好生活的追求。因为笔者今后还要编写一本关于红木雕刻图案故事的书,所以在这里就不一一例举了。

第三节　大红酸枝家具与保健养生文化

红木是非人工种植的大自然的产物,它顺其自然地生长在热带、亚热带的深山老林之中,吸日月之精华,收山水之灵气,形成了重、硬、细、少的名贵木材所具备的高贵品质。大红酸枝不但是制造高档家具的良材,也是符合人类养生之道的宝物。

一、道法自然的大红酸枝

道是什么?道是宇宙空间神秘的力量,是宇宙精神与宇宙能量运行的法则。天道、地道、人道以及一切事物之道,统统都要符合宇宙能量运行的大道。顺道者昌,逆道者亡。因而"悟道"是人生最重要的事情。早在3000多年前,我们中华民族的老祖先,就已经知道"悟道"。《易经》就是先民们"悟道"的经典。以老子和庄子为代表的道家学说,千百年来影响着华夏子孙乃至全世界人民的精神生活。

我们生活在这个世界上,老想让自己过得更好,总想让自己获得更多成功。可是,人生苦短,转眼就是百年。如果你不珍惜生命,不尊重养生保健文化,纵使拥有金山银山也是人生的悲哀。功名利禄都是身外之物,没有它不行,但一味地追求,反被身外之物所害。人们一生应当是快乐的一生。你要想快乐,首先要有健康的身体。健康才是福,快乐才是真。

大红酸枝是上天恩赐给人类的养生之宝物。我们应当珍稀它,珍稀它就是珍稀生命。当你在使用和欣赏大红酸枝家具时,要有感恩思想,要感谢上天,感谢大自然给予我们的恩惠。

二、大红酸枝蕴含养生元素

大红酸枝正像黄花梨、紫檀木等名贵红木一样,其材质里蕴含着微量的养生保健元素,红木材质里的养生保健元素对人的身体健康是大有好处的。

众所周知,黄花梨可以入药,它有降压、安神、补脑之功效。紫檀木有润肤养颜之功能。社会上的制药厂和美容院大量收购黄花梨和紫檀木的锯末，致使黄花梨和紫檀木的下脚料价格连续暴涨。黄花梨的锯末目前的平均价格是每公斤3000元，比前10年上涨100倍。

大红酸枝也蕴含着养生保健元素，虽然李时珍的《本草纲目》没有明确写明，但在书内的字里行间，可以找到它的踪迹。我有个朋友多年患有精神衰弱症，夜里怎么也睡不着觉。他去过好多好多的医院，看过好多好多的医生，病情始终不见好转。后来，有个80多岁老中医建议他睡一睡红木凉席。他半信半疑，睡红木凉席有什么用？它又不能治病。俗话说，有病乱投医。他本着试一试的心态买了一张大红酸枝凉席，睡了三个月后，居然睡觉很香了。他高兴地对笔者说："要钱有啥用？健康才是福。有钱我就买能够养生保健的红木家具。"

三、大红酸枝家具是最环保的家具

大红酸枝家具一不使用钉子和胶，二不上漆着色，原汁原味，绿色环保。它的制作工艺，符合人体结构规定的科学尺寸标准。因而，大红酸枝家具是最环保的家具。

大红酸枝家具像其他名贵硬木家具一样，越使越光，越擦越亮。在长期的使用之后，会出现像犀牛角一样的光泽，行话叫做"包浆亮"。人们在使用和包浆的过程中，自然而然地增加了愉悦。俗话说："笑一笑，十年少"。人的生命和健康正是在愉悦的运动中得到升华。

20多年来，我有个习惯，就是规定我公司的员工不要擦拭公司的红木摆件，而由我亲自擦拭。每一次顾客朋友进店都看见我在擦拭红木摆件，就说："胡老总啊，你这么多的员工都闲着，你让他们干吧，为什么非得自己干呢？"我笑着对他们说："这哪里是在干活儿？我是在玩儿在享受。在擦拭和把玩红木摆件的过程中使我变得越来越年轻……""噢!怪不得胡总这么年轻呢,六十多岁的人就像四五十岁一样。原来是这样,胡总,给我掌掌眼,我买一件回家去玩。"

大红酸枝家具与养生保健文化水乳交融,因而能给人带来健康和快乐。在当今"一切向钱看"的市场经济条件下,成千上万的人都被金钱压得喘不过气来,成千上万的人都是"亚健康"。与其以后花钱治病,不如买一整套红木家具,即实用,又升值,还防病。

酸枝

第七章

当代红木家具图谱

当代红木家具是传承明清古典家具的新时代的产物。它不是简单的仿古,而是在继承基础上的创新。在家具材质方面,当代红木家具比传统古典家具数量多,而且比较规范;家具款式方面,当代红木家具既有传统的"在谱"式样,又有改进创新的"不在谱"式样,而且还出现了大批符合现代人需求的新式样。

当代红木家具行业正处在生长发展期,还没有进入成熟期。因此,当代红木家具还没有成形的图谱。笔者从当代红木家具知名企业中精选出118幅红木家具彩图,按照客厅系列、书房系列、卧室系列、餐厅系列和综合系列等5个系列编号录制成"当代红木家具图谱"。图谱中有高仿明清传统的在谱家具,也有体现当代需求的新古典红木家具,还有各知名企业精心创造的独具特色的红木家具。

当代红木家具图谱是红木家具百花园中的百朵鲜花,它虽然不能包容整个百花园的万紫千红,但能代表百花园的绚丽与多姿。每幅红木家具彩图,都有红木专家进行点评,以供读者在欣赏当代红木家具图谱时,起个"导游"的作用。

客厅系列

专家点评

满彻的大叶紫檀（黑酸枝），无白皮，无挖补。仿清宫廷风格，用料厚实，大气恢宏，做工考究，雕刻精细。雕刻图案是个美丽的传说：天上的众仙去给王母娘娘贺寿，他们各具神态，表达了天上人间的和谐精神。

1
大叶紫檀群仙贺寿客厅椅（8件套）
＊福星古月提供＊

客厅系列

2
红酸枝明式万字客厅椅（5件套）
福星古月提供

专家点评

此5件套万字客厅椅很有明式家具的艺术风格味道，用料小而精；配料匀而美；线条直而润；造型简而实。此椅不但坐着舒服，而且赏心悦目，它具有朴实无华的内在美。

客厅系列

专家点评

此10件套大麒麟如意客厅椅的亮点与特色有三：其一，用料硕大，大椅长270厘米，可以舒适地坐4人。大茶几长145厘米，宽115厘米，在视觉上大气大派。其二，造型豪华，精雕细刻大麒麟图案，坐椅两边设有宽大的如意木枕，增添几分艺术魅力。其三，坐着舒适，符合人体工程学的要求，具有人性化的特色。

3

老红木大麒麟如意客厅椅（10件套）
＊福星古月提供＊

客厅系列

专家点评

　　此11件套老红木吉祥如意客厅椅是在继承古典家具的基础上创新的新款式，它不但具有中华民族的古典美，而且洋溢着朝气蓬勃的时代感。可以说，此款客厅椅是当代红木家具古韵今风的典范。

4
老红木吉祥如意客厅椅（11件套）
＊福星古月提供＊

客厅系列

专家点评

此5件套黄花梨矮官帽客厅椅收藏价值大于使用价值。因为海南黄花梨现已绝少，一公斤海黄原料需要上万元。此套客厅椅耗用海黄材料700多公斤，可谓价值不菲。此椅造型简练，线条流畅，是典型的仿明式风格。它的艺术欣赏亮点是：绚丽多彩的大花纹，能够产生诱人的美感。

5
黄花梨矮官帽客厅椅（5件套）
福星古月收藏品

客厅系列

6
大灵芝中堂四件套
＊福星古月提供＊

专家点评

卢氏黑黄檀俗称大叶紫檀，深紫色显得静穆庄严，这是制作中堂的上乘材料。此大灵芝中堂四件套，做工特别精细，每道工序都十分到位。木工线条流畅隽永，雕刻图案活灵活现，打磨表面光洁润滑。此乃当代红木家具中的精品。

客厅系列

7
红酸枝麒麟罗汉床（3件套）
* 福星古月提供 *

专家点评

麒麟是中华民族的吉祥物。此罗汉床以麒麟为题材，精心设计，精心制作，豪华高雅，清新自然。此款是继承中的创新，是创新中的古典，此乃当代红木家具中人气指数较高的款式。

客厅系列

专家点评

大叶紫檀是马达加斯加产的卢氏黑黄檀,因为它的颜色和纹理酷似紫檀木,所以俗称大叶紫檀。此大叶紫檀六龙柱架子床耗料3吨多,而且均为精选的整料。此乃纯手工雕刻,3位雕工大师整整雕了300天。可以说,此架子床是当代红木家具中不可多得的艺术珍宝,具有极高的收藏价值。

8
大叶紫檀六龙柱架子床
* 福星古月收藏品 *

客厅系列

专家点评

主围子以拐子纹攒接而成,并镶嵌黄杨木图画一幅,描绘孔雀鸣春图,双雀立于奇石之上,左有潇洒翠竹,右有盛开牡丹,前有兰花初发,意趣盎然。两侧围子制为腰鼓状,以黄杨木堵塞其中。床面下设束腰、壶门牙板、卷曲腿足。此罗汉床结体奇颖,妍秀闲逸,弥漫一缕浪漫文人气息。

9
嵌黄杨木攒拐子纹罗汉床
* 元亨利提供 *

客厅系列

10
黄花梨三围板罗汉床
元亨利提供

专家点评

此款家具有缩腰，彭牙板罗汉床，腿为内翻大马蹄腿，上部围板为三屏风式，整体用料精细，简练大气，为明代家具中的大型器物，极具观赏、使用、收藏价值。

客厅系列

专家点评

传世罗汉床,制为此式者甚多,但此比例绝佳者鲜有。此床靠面正屏略高出少许,三面较攒接十字方格纹,置陈布势,疏密处理恰到好处。床面结软屉,下设束腰,鼓腿彭牙,牙腿相接以抱肩榫结合,大挖马蹄足,遒劲有力。此床体型沉雄,气韵凝重,形神统一,实属佳作。

11
十字连方纹罗汉床
元亨利提供

客厅系列

12
大叶紫檀"九雀罗汉床"
＊飞鸿提供＊

专家点评

此罗汉床造型与尺寸均符合当代红木家具"三围屏罗汉床"的规范。与众不同的是：运用"丝翎檀雕"技艺，把九只毛茸茸的小鸟刻画得惟妙惟肖。

客厅系列

13
大红酸枝"明式罗汉床"
＊飞鸿提供＊

> **专家点评**
> 明式家具的最大特点就是：简练、秀丽、古朴、庄严。造型尺寸要求十分严格，用流畅的线条凸显明式家具文化的内涵。此大红酸枝明式罗汉床就具备这些特色。

客厅系列

14
大红酸枝"圈椅茶水桌"
﹡飞鸿提供﹡

专家点评

品一壶好茶,犹如身临仙境。与亲朋好友在此红木茶桌上,品茶聊天,难道不是人生的一大快乐?

客厅系列

15
大红酸枝 "仿明卷书客厅椅"
＊飞鸿提供＊

专家点评

　　大千世界，红尘滚滚，历史的车轮滚滚向前不能倒转。然而，有一种神奇的力量，能够穿越时空，把大明王朝的千年文化底蕴，在它身上闪耀和沉淀。

客厅系列

16
大红酸枝 "竹节客厅椅十三件套"
飞鸿提供

专家点评

此乃使用上等红木精心打造的十三件套竹节客厅椅。其椅背独特舒适，与人体的背部曲线完美贴合。"丝翎檀雕"的高超雕技，把装点组合套椅上的花鸟刻画得活灵活现。

客厅系列

17
大叶紫檀"中堂六件套"
＊飞鸿提供＊

专家点评

色泽静穆,古朴典雅;极尽精巧,雕饰繁华。观外,赏心悦目,不愧是红木艺术臻品;观内,怦然心动,似千年古书,品读不尽。

客厅系列

> **专家点评**
>
> 　　明式家具讲究朴实自然、简练无华。此6件套老红木梳背客厅椅,用料简洁,干净利落,线条流畅,造型优美。这是文人雅士喜爱的家具艺术风格,在小客厅里摆放更显明式家具的隽永情趣。

18
老红木明式梳背客厅椅(6件套)
＊海升提供＊

客厅系列

专家点评

紫檀三围屏是清代家具图谱的典型款式,其造型典雅,做工精致,线条流畅,雕刻绚美。此高仿清式紫檀三围屏罗汉床具有很高的艺术欣赏价值和收藏保值价值。

19
紫檀三围屏罗汉床
＊海升提供＊

客厅系列

20
红酸枝卷书客厅椅（11件套）
＊海升提供＊

专家点评

此红酸枝11件套卷书客厅椅比8件套客厅椅形体宽大，用料厚实，适宜在大客厅使用。此客厅椅的特点是，中西结合，古韵今风。它不但传承中华民族的古典文化，而且吸收了西方家具文化的精华。

客厅系列

专家点评

　　此10件套老红木大吉祥客厅椅，是在继承清式古典的基础上创新的款式。它用料大，选料精，做工精美，是当代红木家具"古韵今风"的典范。

21
老红木大吉祥客厅椅（10件套）
海升提供

客厅系列

22
老红木百鸟朝凤罗汉床（2件套）
帝宝提供

专家点评

此款三围屏雕花罗汉床,是高仿清式家具图谱,选料均匀,用料厚实,雕刻精细,很有味道。

客厅系列

23
红酸枝心心相印电视柜
＊帝宝提供＊

专家点评

红心相连，情意绵绵，精雕细刻的红心图案，使这个普通的电视柜变得不普通了。此电视柜的面板很漂亮，一木双拼，奔放飘逸的自然花纹，简直就像一幅美丽的山水画。

客厅系列

24
红酸枝"明式梳背"客厅椅
＊艺都提供＊

专家点评

明式家具简练秀丽,不饰过多的雕饰。此套明式梳背客厅椅,选料精细,做工细致,线条流畅,是红木家具的上品。

客厅系列

25
老红木三组合电视柜
艺都提供

专家点评

此电视柜的款式,是当代红木家具在继承明清古典的基础上创新的结果。既古典、又实用,可谓是古物今风也。

客厅系列

26
老红木粗腿曲尺罗汉床（2件套）
* 华盛鸿提供 *

专家点评

曲尺罗汉床是明式家具的典型款式。此罗汉床是在仿明式曲尺罗汉床的基础上，在4个腿上加以改进和创新。此罗汉床的腿部用料比普通罗汉床加粗2公分。加粗的腿更显得墩实厚重。使此罗汉床增添了几分阳刚之气。

客厅系列

27
老红木美人榻
* 华盛鸿提供 *

专家点评

美人榻又叫贵妃床，古代是为贵夫人设计的。此老红木美人榻采用红木圆条拼接，不但别有情趣，而且坐卧也很舒适。此榻围板雕刻四大仙女图，更增添几分美的感受。

客厅系列

28
紫包金罗汉床（2件套）
* 永林至尊提供 *

专家点评

紫光檀（黑酸枝）框架，金丝楠板心，紫黄成趣，俗称"紫包金"。金丝楠三围板，精雕细刻"清明上河图"。此乃当代红木家具中的创新精品。

卧室系列

29
老红木月亮门架子床
* 福星古月提供 *

专家点评

月亮门架子床是清式家具的典型款式。此月亮门架子床精选老挝红酸枝老料，由东阳木雕师傅精雕"百花图"。具有很高的艺术欣赏价值。

卧室系列

30
红酸枝花鸟顶箱柜
﹡福星古月提供﹡

专家点评

　　满彻的红酸枝深雕花鸟顶箱柜，其特色是，面板比较厚，雕刻比较深，图案的层次比较清楚。手工雕刻比较生动活泼。站在此顶箱柜前，仿佛听到小鸟的鸣唱，仿佛闻到鲜花的芳香。

卧室系列

专家点评

　　此老红木顶箱柜，雕刻图案是个美丽的传说。传说中国古代的大书法家王羲之，在写兰亭序成名之后，他做了一个梦，梦见此图案的美丽景象，亦真亦幻，天上人间。于是他把梦中的图画传给后人，后人把这个美丽的图案雕刻在顶箱柜面板上。

31
老红木兰亭序顶箱柜
福星古月提供

卧室系列

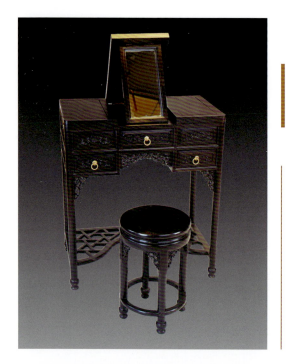

32
红酸枝黑料小妆台（2件套）
＊福星古月提供＊

专家点评

这个小梳妆台的款式是民国时期的款式。它的特点是：简洁、小巧、实用。妆台的面板由三块可以开合的红酸枝黑料组成。两边是暗格，放化妆品。中间是可立可合的梳妆镜。使用时打开，不用时合上，可以当作小写字台。

33
红酸枝衣帽鞋柜
＊福星古月提供＊

专家点评

此红酸枝衣帽鞋柜，是仿照清代家具图谱中"龙头衣帽架"改革创新而成的。上半部基本保持清式风貌，下半部增加了鞋柜。此款既保持了传统红木家具的古典美，又与时俱进，满足了现代人的生活需求。

卧室系列

专家点评

　　此款梳妆台是清王府格格喜爱的式样，故称为"格格妆台"。其特色是：用料大而不肥，雕刻多而不繁，造型华而不俗，欣赏美而不艳。使用黄花梨材质制作，更增添此格格妆台的艺术欣赏价值和收藏价值。

34
黄花梨格格妆台
＊福星古月提供＊

卧室系列

35
黄花梨素面顶箱柜
＊元亨利提供＊

专家点评

此器远观齐整方正，榫卯结构一目了然，白铜饰件星罗棋布，妙为装点；临近摩挲，手感光滑，慢推轻敲发金属声，纹理如匹练垂下，顺畅如流。上设顶箱，中为柜格，均双门对开，下设柜膛，方腿直足，足间装券口牙子。全身无饰，简洁之极，一股清新之气，可涤人胸中愁。

卧室系列

专家点评

此床挂檐于围子多作留白处理，腿足三弯，愈显妍秀；壶门牙子，一波三折，尽去皇家之富丽，豪门之铺张，结体疏朗清新，气韵淡雅，让人见之情愫顿生。

36
黄花梨六柱架子床
＊元亨利提供＊

卧室系列

专家点评

此柜为上柜下几形式。上柜结体简练，形式朴素，立面平滑光洁而气韵高雅。座几设有两屉，圆腿直足加刀牙，一气贯通。此器无雕饰刻画，柜门木纹有对称之妙，乃为一木所制，其纹理如江流水涡，宛转若动，为黄花梨结瘿所成，常以成双出现，纹如双目，故有"鬼面"和"狸斑"之称。此柜柜门上鬼面成串出现，实属难得。

37
黄花梨圆角柜
元亨利提供

卧室系列

38
大红酸枝"竹节大床"
飞鸿提供

专家点评

床榻安枕，如心灵之归宿。尘世疲惫，于竹影中烟消云散。此大红酸枝"竹节床"是供人享受人生乐趣的大型红木工艺品。

卧室系列

39
大红酸枝"跋步床"
飞鸿提供

专家点评

此乃大红酸枝千工跋步床，凸显飞鸿公司的力作：大气磅礴，世人称奇；精巧典雅，天赐珍宝。

卧室系列

40
大红酸枝"仿古妆台"
＊飞鸿提供＊

专家点评

　　小轩窗，正梳妆，佳人对镜红酥手，红颜描眉思情郎。

　　此妆台古香古色，极尽别致，是天下美女必求之物。

卧室系列

41
老红木独板顶箱柜
海升提供

专家点评

　　大红酸枝做板心，老红木黑料做框架，黑红成趣，妙趣自然。其亮点是10块心板均为独板，独板老红木顶箱柜的价值更高。

卧室系列

42
老红木"群仙贺寿"大床
＊帝宝提供＊

专家点评

此高低大床选用的老挝红酸枝老料，颜色匀，纹理美，做工既厚实，又精细，是当代红木家具中的上品。

卧室系列

43
老红木"清式梳妆台"
＊艺都提供＊

专家点评

　　此梳妆台造型高雅，秀丽端庄，清式家具透发着明式的味道，很有意思。

卧室系列

44
大叶紫檀"天上人间"顶箱柜
艺都提供

专家点评

　　大叶紫檀的树种名是黑酸枝木类卢氏黑黄檀。这是高档的红木材质，配以能工巧匠的精雕细刻，创造出美不胜收的红木艺术家具。

卧室系列

45
老红木圆角柜
＊艺都提供＊

专家点评

大红酸枝的老黑料制作边框，板心是精选的大花纹红料，而且是独板。黑红成趣，妙趣自然。具有很高的艺术欣赏价值。

卧室系列

46
"紫包金"顶箱柜
永林至尊提供

专家点评

紫光檀镶金丝楠,气死小叶檀。小叶紫檀是最名贵的红木用材,而"紫包金"比小叶檀还要名贵。此顶箱柜实乃大型红木艺术品,摆在家中,会满堂生辉。

卧室系列

47
紫光檀"天上人间"大床
* 永林至尊提供 *

> **专家点评**
>
> 此高低床使用满彻紫光檀（黑酸枝）颜色匀，做工好，造型美。这是当代红木家具中的精品。

书房系列

专家点评

　　写字台也称书桌。此老红木山水八斗写字台长200厘米，宽100厘米，高80厘米，榫卯结构，可以分体拆装，便于搬运。写字台的里口安装8个红木抽屉，故称八斗；外口和两侧满雕山水风景图案；下面是活体的冰裂纹脚踏。此乃仿清式样，具有宫廷的华丽高雅之风范。

48
老红木山水八斗写字台
* 福星古月提供 *

书房系列

49
万事如意三组合书柜
福星古月提供

专家点评

两个书柜，中间是多宝阁，故名曰三组合书柜。书房大，可以组合使用，书房小，也可以分开使用。此套三组合书柜选用老挝上等红酸枝，精雕细刻如意图案，这是当代红木家具中的创新款式。

书房系列

专家点评

老挝的上等红酸枝称为老红木,此套老红木官帽椅,不上漆,不打蜡,白茬素身,别有一番风味。它的特点是:选料精,做工细,线条流畅,造型秀美。这是文人雅士所喜爱的红木家具精品。

50
老红木官帽椅(3件套)
福星古月提供

书房系列

51
胡三彩多宝阁
* 福星古月提供 *

专家点评

此胡三彩多宝阁主体用料为老挝红酸枝老料，花边板选用老挝红酸枝黑料，中间圆心是黄杨木雕刻图案。其特色是色彩艳丽，造型大气，双面雕刻，适宜各种位置摆放。

书房系列

52
老红木仿明式画案
* 福星古月提供 *

专家点评

　　使用老红木优质材料，精制仿明式大画案，虽无雕刻装饰，但倍感书香画意。此老红木仿明式画案，造型简练，线条流畅，打磨精细，此乃文人墨客的喜爱之物。

书房系列

53
老红木仿明素板博古架
＊福星古月提供＊

专家点评

　　素板家具要求选料精，木料的颜色要均匀，木料的纹理要求和谐。此仿明素板博古架精选老挝上等红酸枝老料，造型秀美小巧，做工十分精致，具有时代的审美情趣。

书房系列

54
老红木窗花书柜
福星古月提供

专家点评

书柜的款式很多，主体造型大同小异。绝大多数书柜都是200厘米高，100厘米宽，40厘米厚。此老红木窗花书柜雕刻繁杂，显得豪华。

书房系列

55
四出头素官帽椅
元亨利提供

专家点评

此官帽椅四出头，寓意"出仕"。座面上各部件皆为弯曲做，四出头外撇幅度较大，扶手和鹅脖均呈"S"形。后背立柱向前凸挺，而背板却向后弯曲，前后避让，其势互消。靠背板上端设一正圆开光，再沿开光边沿起一道阳线，以增强其立体感，使圆形开光如望夜之月，众星黯然，唯其皎洁。背板上下端各安四枚牙子，过渡横木材竖相接之刚硬感。座面抹头做法异于常类，是由屉板两端格角出透榫，再将抹头拍上，此做法常见于案类家具，椅类少见。座面看似是由两层重叠而成，实则是因为边抹中间一道洼线罔人耳目而已。座面下装刀形牙条，腿足方正，侧脚收分明显，两腿正面亦各做洼线一条。四腿以横枨错落相连，踏脚枨下安刀牙子一枚。此椅形制略显率性自然，不拘常制之法度，舒张随意，开合从容，有山水田园之闲适。

书房系列

专家点评

　　此写字台边抹腿足以棕角榫结合,棱角分明,规整严谨。台面下设五抽屉,左右各二,中间为一,意在抬升正中空间,便于办公时腿足自由活动,调整姿势,五屉面均装白铜合页,其面积大小一致,和谐统一。四腿正直,浅挖马蹄落地。通体用线劲利爽朗,结体遗去机巧,无矫揉之作,无刻画之工,天然朴茂,端庄雅正,有大音声稀之境。

56
黄花梨五屉书桌
元亨利提供

书房系列

57
大红酸枝"清式藏画柜"
* 飞鸿提供 *

专家点评

　　精雕细刻，妙趣自然。红木一梦，相思百年。此清式画柜，古典优雅。以红木为媒，藏娇几多画卷。

书房系列

58
大红酸枝 "豪华云龙办公台"
＊飞鸿提供＊

专家点评

大气磅礴，浑然天成。置于厅堂则可光耀门楣，镇于轩室则得王者之尊。

书房系列

59 老红木顶箱式组合书柜
海升提供

专家点评

组合式书柜是当代红木家具的创新款式,在明清古典家具图谱中是找不到的。此老红木顶箱式组合书柜,两边是带顶箱的书柜,中间是带顶箱的多宝阁。其特色是:大视觉、多功能、适宜大书房。

书房系列

专家点评

此款博古架是仿清款式。用料虽然简洁，做工却较复杂。曲径通幽的格条格板，烘托渲染上部顶端的"月亮阁"，大有"明月几时有"的诗情画意。

60
红酸枝清式博古架
海升提供

书房系列

61
红酸枝竹节博古架
海升提供

专家点评

"人贵有志,竹贵有节"。此博古架选用上等红酸枝,创意竹节造型,显得高贵儒雅,此乃当代红木家具中的上乘之作。

书房系列

62
老红木清式大字台
海升提供

专家点评

一花独放不是春,百花齐放春满园。此老红木清式大字台,四面雕花,下面是花格脚踏,古香古色,清新高雅。

书房系列

63
红酸枝清式大多宝阁
帝宝提供

专家点评

此对红酸枝多宝阁，是高仿清代家具图谱中的大多宝阁款式，其尺寸较大，用料较多，成对摆放，更显其富贵豪华，哗众取宠的特色。

书房系列

64
红酸枝四君子书柜
帝宝提供

专家点评

梅、兰、竹、菊被文人称为"四君子"。此红酸枝四君子书柜,4个柜门面板分别精雕细刻"春梅图"、"夏兰图"、"秋菊图"和"冬竹图"。书柜上部是对开的玻璃门,中间是雕刻卷草纹的抽斗。其特点是具有典雅清高的书香气。

书房系列

65
琴棋书画书柜
帝宝提供

专家点评

"琴听流水高山韵，棋弈楚河汉界风，书评红木明清月，画神难写是真情"。这首藏头诗正是此红酸枝琴棋书画书柜的真实写照。其中的诗情画意请读者自评。

书房系列

专家点评

　　一花独放不是春，百花齐放春满园。此大叶紫檀百花书桌，四面满雕花，下面是花格脚踏，古香古色，清新高雅。能在这样的书桌上写文章，书香、花香和红木香会使你陶醉。

66
大叶紫檀百花书桌
帝宝提供

书房系列

67
红酸枝书架
＊艺都提供＊

专家点评

此书架是典型的明式风格。其用料虽少，但不乏简洁而厚重；其做工虽简，但不乏精益而求精。

书房系列

68
老红木架几书案
* 艺都提供 *

> **专家点评**
> 　　一木联拼的老红木做画案的案面，光素无雕刻。大有天生丽质，清水出芙蓉的美感。

书房系列

69
紫光檀双面十六斗写字台
永林至尊提供

专家点评

此乃清式双开十六斗大写字台。长200厘米，宽100厘米，高80厘米。两面完全一样，各安装8个抽斗，四面满雕西莲花卷草纹图案，下设金钱纹透雕脚踏。抽斗装镏金拉手，倍显大方高雅。

书房系列

70
大红酸枝写字台
华盛鸿提供

专家点评

此写字台是仿制清乾隆以前的款式，既是清式家具，又带有明显的明式家具风格。在大气中透着秀丽，在端庄中透着高雅。

餐厅系列

71
老红木四仙桌（5件套）
＊福星古月提供＊

> **专家点评**
>
> 明式家具中的八仙桌比此桌要大一些，每边坐2人，共有8个坐凳，故曰"八仙桌"。此老红木四仙桌，配4个坐凳，每边坐1人。它的造型与工艺和八仙桌相同，只不过尺寸略小一些。

餐厅系列

72
老红木满雕豪华大圆台（12件套）
＊福星古月提供＊

专家点评

选用上等红酸枝，两个圆桌面板满雕花纹图案，10把座椅也是厚料满雕，显得十分豪华。适用于别墅和大饭店的豪华包间。

餐厅系列

73
老红木明式方餐台（5件套）
＊福星古月提供＊

专家点评

此明式方餐台，桌面选用老挝红酸枝老料，特意挑选大花纹、深红色的木材，一木双拼，就像花蝴蝶的两个翅膀那样漂亮。

餐厅系列

74
老红木战国餐台（7件套）
* 福星古月提供 *

专家点评

此老红木战国餐台的款式更加古朴，它的造型与雕饰传承战国时期的青铜器文化。其特色是：形体大，用料厚，图案古，韵味长。

餐厅系列

75
老红木三联柜
＊福星古月提供＊

专家点评

此老红木三联柜系高仿明式款式，它比明代家具图谱的款式宽大。因此用料厚实，显得更加气派。此乃当代红木家具中的大明式风格。

餐厅系列

76
海南黄花梨二联柜
＊福星古月收藏品＊

专家点评

此二联柜的亮点是选用世界最名贵的木材——海南黄花梨独板制作，花纹特别漂亮，就像高山流水，有一种诗情画意般的美感，倍显高雅华贵。此海南黄花梨二联柜具有极高的艺术欣赏价值和收藏保值价值。

餐厅系列

77
海南黄花梨草花纹联二橱
＊元亨利提供＊

专家点评

此橱两端起翘头，装独板面心。设有两屉，屉脸浮雕卷草纹，安铜拉环。屉下设闷仓，下装壸门牙子，沿边起灯草线，并于分心花处化为缠枝纹。吊头下角牙，作为曲线边，并以卷草纹为饰。四腿直落，内方外圆，侧脚明显。此橱通体以海南黄花梨而制，精工细作，子曰："质胜文则野，文胜质则史，文质彬彬，然后君子。"此橱虽雕饰寥寥，却均恰到好处，文质相适也。

餐厅系列

78
大叶紫檀"豪华梅花台"
＊飞鸿提供＊

专家点评

　　飞鸿选材名贵，设计造型大气大派，精雕细作，不但经久耐用，而且具有较高的艺术欣赏价值和收藏价值。此套豪华梅花台就是珍贵的红木家具收藏品。

餐厅系列

79
老红木八仙桌（9件套）
＊海升提供＊

专家点评

选用上等红酸枝，精工制作仿明式大八仙桌凳。因为此桌每边各配置2凳，共坐8人，故称"八仙桌"。此老红木八仙桌选料精，做工细，打磨光滑，堪称当代红木家具中的精品。

餐厅系列

80
明式牡丹餐边柜
* 海升提供 *

专家点评

此老红木明式餐边柜，浅雕牡丹花，就像美女淡妆一样，更显此物的亮丽高雅。这是当代红木家具中的创新产物，具有古韵今风的艺术魅力。

餐厅系列

81
老红木绣墩式圆台（黑料）
＊艺都提供＊

专家点评

绣墩式圆台，具有餐台、茶桌、聊天等多种功能。6个高雅豪华的绣墩，烘托出满雕花边的艺术圆台，具有较高收藏价值。

餐厅系列

82
大红酸枝三联柜
华盛鸿提供

> **专家点评**
>
> 　　此乃典型的清式红木家具。用料厚重，雕刻繁华，不但具有经久耐用的使用价值，还具有欣赏收藏价值。

83
红酸枝花鸟圆餐台（7件套）
华盛鸿提供

> **专家点评**
>
> 　　精选老挝红酸枝老料，在圆台面上精雕细刻花鸟图案，富有诱惑人心的艺术美感。大圆台配以雕刻花鸟图案的绣墩，更加增强了此套花鸟圆台的艺术魅力和收藏价值。

餐厅系列

84
紫光檀"明式餐台"
＊永林至尊提供＊

专家点评

明式家具简洁隽永，线条流畅，朴实无华，清新自然。此明式南官帽椅餐台，清新灵透，有着诱人的美感。

综合系列

85
老红木矮官帽茶桌（5件套）
福星古月提供

专家点评

正方形茶桌，配以4把矮南官帽坐椅。不但坐着舒适，而且赏心悦目。能在此老红木茶桌旁边喝茶聊天，也是人生的一大享受。

综合系列

86
紫檀雕龙皇宫椅（3件套）
* 福星古月提供 *

> **专家点评**
>
> 　　此乃清皇宫款式，大气大派，高雅华贵。印度牛毛纹小叶紫檀，色泽深紫，这是大富大贵之色，端庄静穆，实乃红木家具艺术的珍宝，具有极高的收藏价值。

综合系列

87
黄花梨独板大宝座（3件套）
＊福星古月收藏品＊

专家点评

　　净料46厘米的黄花梨独板，分别制作两个宝座的座面，可以说是凤毛麟角，世间绝少。不但具有长期耐用的使用价值，而且具有很高的艺术欣赏价值和收藏保值价值。

综合系列

88
黄花梨独板明式圈椅（3件套）
＊福星古月提供＊

专家点评

精选黄花梨材料，由能工巧匠使用独板精制而成。面板色泽润美，大花纹如行云流水，使人观赏怦然心动。此圈椅线条流畅，不失明式家具之风格。此乃当代红木家具中的精品。

综合系列

专家点评

大叶紫檀的框架，精雕祥云龙。海南黄花梨做板心，由著名的木雕名匠陈一刀的高徒，纯手工精雕细刻"百子闹春"图，五组屏风整整雕刻一千零一天。紫包金的色彩，大气恢宏的雄姿，精美绝伦的木雕艺术，此乃当代红木家具中的珍宝，具有极高的收藏价值。

89
黄花梨百子闹春五屏风
＊福星古月收藏品＊

综合系列

90
海南黄花梨绣墩
＊福星古月提供＊

专家点评

精选海南黄花梨材料，由高级工匠精制成五开光绣墩，这是极具欣赏和收藏的好物件儿。具有极高的收藏保值价值。

91
老红木逍遥椅
＊福星古月提供＊

专家点评

此款老红木逍遥椅，按照人体结构设计成流线弧形，躺在上面很舒服。茶余饭后，舒适地躺在逍遥椅上，轻轻摇动，闭目养神，此乃人生一大快乐。

综合系列

92
老红木"岁寒三友"插屏
* 福星古月提供 *

专家点评

"岁寒三友"是中国古典文化的传统图案,寓意松、竹、梅是不畏严寒的三君子。此屏风双面雕刻,厚实板架之上,插入长方形的插屏。既小巧,又气派。

93
老红木"八角八足"花架
* 福星古月提供 *

专家点评

此花架是清乾隆时期的款式造型。八角寓意"四面八方";八足寓意"横行霸道"。据野史传说,这是讽刺和珅的产物。

综合系列

94
黄花梨卷云翘头琴案
＊元亨利提供＊

专家点评

此琴案独木板面，木质温润，纹理清晰，可谓一等良材。案面两端起大翘头，向内翻卷，倍觉新奇。案腿修长，上接横枨，支撑案面；下端作为外撇香炉式腿足，又以卷云头纹木料将其封合，又如裙摆之靓丽，以虚代实，使一团清气势守与腿足之间，虚实不散。

95
黄花梨高足琴几
＊元亨利提供＊

专家点评

此琴几由三块黄花梨厚板一闷榫拼接，榫卯全隐，止见一道缝隙，俗称"全隐燕尾榫"。几身纹理明晰，如瀑飞云流，华美至极。两板足中央处雕冰盘沿重叠线脚，内作透光，浮雕阳线云头纹于万字纹为饰，足端作向内翻卷状，两头浮雕螭首纹。几身内沿均雕回纹，沿下攒接浮雕螭龙纹小牙子缀饰，颇具意趣。此案几板足较高，形制轩昂，材美而坚，工朴而妍，呈明式风格。

综合系列

专家点评

　　此宝座共有五围屏，围屏先经攒边打槽装板各个完工后，另加木销相连，呈围抱之势于座面边抹上栽榫固定，因其耗材巨大，工艺复杂，明清时代只有皇室帝宫、显贵之胄方有权力、财力置办。屏正中高耸，向两侧逐渐走低，中屏内镶圈口，于圈口内再嵌瓷片，瓷质细腻，手感光滑，与民间粗瓷劣陶差别显著，想必是出自官窑。瓷片描绘福、寿、禄三仙图案，寓幸福、长寿、富贵之意，笔法流畅写意，色彩清淡施为，于富丽中流露出一丝淡泊。余下四屏亦落膛装板，另起线圈为饰，线是修饰家具的重要手法，线脚、线圈的成功运用常能让家具的美感更上层楼。

96
三星吉祥宝座
＊元亨利提供＊

综合系列

97
灵芝半圆桌
* 元亨利提供 *

专家点评

此桌桌面半圆,弧度饱满。下设束腰,安绦环板,并透椭圆开光,平添虚灵,以游逍遥之气。四腿列分,以浮雕"双麒献瑞"图牙板填充上端,透雕灵芝纹牙子左右衔接,麒麟神采飞动,灵芝生发自然,非有庖丁之术,难为其秀。下端安装三曲一直四横枨,中间攒接碎冰棂格,此举既充分用材,又得形体之美。直腿落地,末端雕为如意云头方台足,寓曲于直,刚柔相济。明式圆桌常以两扇半圆形桌合成,其用料施工《鲁班经匠家镜》已详有讲解,而半圆桌可靠墙使用,遂流行于世,称之为月牙桌。

综合系列

专家点评

香几常见诸明代图画之中,置于厅堂,上陈炉鼎,焚兰煴香;或移中庭,日昃月出,就之祈神。典型上层社会家用之物,为供奉之器。"凡落笔之日,必明窗净几,焚香左右,精笔妙墨,盥手涤砚,如见大宾,必神闲意定,然后为之,岂非所谓不敢以轻心挑之者乎!"(郭熙《林泉高致》),其中的"焚香",便在香几上进行。

98
雕花托泥香几
* 元亨利提供 *

综合系列

99
攒灵芝纹玫瑰椅
＊元亨利提供＊

专家点评

此椅造型较为罕见，具有玫瑰椅与南官帽椅之双重特征，当属这两类椅的变体之作，但因座面较高，后背较低，故归类于玫瑰椅之类别。此椅搭脑、扶手、联帮棍均有弯曲，呈一波三折之妙，搭脑和扶手皆以挖烟袋锅式榫卯与前后腿相接，并以铜饰件加固，以防折损之虞。玫瑰椅为江南文士所独衷，故又称"文椅"，高不过窗户，常靠窗而设。此通体用材纤柔，清秀动人，端庄雅静，极具文气，攒接之灵芝愈添灵秀，可谓是点睛之笔。

综合系列

100
雕龙立体宝座
＊元亨利提供＊

专家点评

此款宝座为清乾隆年间皇帝专用，龙是四大吉祥之物之首，为皇家的家具，室内装饰日用品等所用图案，上部为浮雕龙图案，腿为天亭腿，兽头虎爪，此款宝座尺寸大，做工讲究，显示出威武霸气，极具收藏价值。

综合系列

101
小叶紫檀"二联橱"
飞鸿提供

专家点评

细品飞鸿红木家具，犹如置身艺术殿堂。起承转合如行云流水，一丝一毫皆栩栩如生。此"紫檀二联"置于轩室，尽显典雅富贵。

综合系列

102
大红酸枝"十六斗柜"
＊飞鸿提供＊

专家点评

"十六斗柜"是由古典的"百宝药柜"和"五斗柜"派生出来的当代红木家具新品种。此柜的亮点是选料精，充分利用大红酸枝的花纹美色，妙趣自然。

综合系列

103
大叶紫檀"八扇屏风"
飞鸿提供

专家点评

雕梁画栋，潜藏红木文化；八扇红花，诉说百年衷肠。飞鸿精制的大叶紫檀"八扇屏"，能够令人在朦胧的梦境之中，穿越时空。

综合系列

104
大红酸枝"外方内圆多宝阁"
飞鸿提供

专家点评

纷繁尘世,有多少虚妄浮华而一笑退场。对此外方内圆多宝阁,你可以尽情品味红木精华的缕缕芬芳。

综合系列

105
大叶紫檀 "龙凤多宝阁"
＊飞鸿提供＊

专家点评

此乃飞鸿董事长陈少红大师的佳作，2011年5月，《龙凤呈祥多宝阁》荣获中国工艺美术"百花奖"银奖。

综合系列

106
"寒雪独鸶"
＊飞鸿提供＊

专家点评

　　小小挂屏，红木情浓。飞鸿公司的红木制品，大则气势恢宏，小则精巧玲珑。此乃精致生动的红木工艺品。

第七章 当代红木家具图谱

综合系列

107
红酸枝老北京茶桌（5件套）
海升提供

专家点评

选用老挝红酸枝老料，精制长方桌，配以四个条凳，古香古色，大有老北京的味道，故曰"老北京茶桌"。此套茶桌用料厚重，线条匀称，古朴自然。具有返璞归真的自然美。

综合系列

专家点评

太师椅的款式很多，最常见的是大灵芝太师椅。此套孔雀开屏太师椅在清式家具中很少见。它是清式家具向当代红木家具发展变化中的产物。它的特色是：款式新颖，造型大方，刚中带柔，重在舒适。

108
红酸枝孔雀开屏太师椅（3件套）
＊帝宝提供＊

综合系列

109
紫光檀"矮官帽茶桌"(5件套)
＊永林至尊提供＊

专家点评

正方形茶桌,配以4把矮南官帽座椅。不但坐着舒适,而且赏心悦目。能在这么精致的紫光檀茶桌上品茶聊天,也是人生一大享受。

综合系列

110
"紫包金"皇宫椅（3件套）
* 永林至尊提供 *

专家点评

使用紫光檀做框架，金丝楠做板心，紫黄成趣，彰显富贵。这种红木家具的制作方法，行话称其"紫包金"。

综合系列

111
紫光檀"南官帽椅"（3件套）
* 永林至尊提供 *

> **专家点评**
> 选料精，细加工，由能工巧匠使用紫光檀制成"南官帽"。此椅线条流畅，妙趣自然，使人观赏怦然心动，不失明式家具之风格。

综合系列

112
仿清双福太师椅（3件套）
* 永林至尊提供 *

专家点评

精选紫光檀优质材料，由高级木工师傅制成仿清双福太师椅。此太师椅静穆庄严，大气自然。装饰2只蝙蝠雕件，寓意双福满堂。

综合系列

113
紫光檀明式翘头案
＊永林至尊提供＊

专家点评

　　紫光檀的学名叫"东非黑黄檀",列为《红木图标》的黄檀属黑酸枝类。此紫光檀明式翘头案,线条流畅,造型秀美,大有"清水出芙蓉,天然去雕饰"的艺术境界。

综合系列

114
老红木茶水柜
＊涵誉提供＊

专家点评

此件老红木茶水柜造型新颖别致，功能较多，简洁方便，体积不大，占地不多，是家庭中最实用的红木家具之一。

综合系列

115
海南黄花梨二十二开光鼓凳
＊涵誉提供＊

专家点评

鼓凳也称绣墩，因古时人们常在其座面上包饰丝绣的坐套，故名"绣墩"，现代人称之为"鼓凳"，因其形状像鼓一样。鼓凳一般五开光居多，也有四开光和六开光的。但像此鼓凳22开光者极少。这件使用海南黄花梨制作的22开光鼓凳具有很高的收藏价值。

综合系列

116
紫檀明式平头案
＊涵誉提供＊

专家点评

选用印度牛毛纹紫檀木，高仿明式平头案款式，形、意、神俱佳，此乃当代红木家具中的精华。

综合系列

117
老红木卷草纹平头案
＊涵誉提供＊

专家点评

精选上等大红酸枝材料，高仿清式卷草纹大平头条案，雕刻图案生动自然，做工精细，具有较高艺术欣赏价值。

综合系列

118
小叶紫檀龙纹翘头案
＊涵誉提供＊

专家点评

此小叶紫檀龙纹翘头案，是仿明款式，浮雕草龙纹。这是具有较高欣赏价值的红木艺术品。

大红酸枝

第八章

当代红木知名品牌
（十八家）

当代红木家具企业，大大小小的总计约10万家。在业内具有影响力的龙头企业不多，在全国也不过百家左右。在百家知名红木企业中，笔者挑选18家介绍给广大读者，以使大家在选择红木家具时作为参考。

为什么介绍这18家呢？

原因有三：

其一，这18家红木企业都具有一定的实力，而且在业内和地区内具有一定的影响力。可以说，他们是红木大军的排头兵；他们是红木大潮的晴雨表，他们是传承红木文化的带头人。

其二，这18家的共同特点是：讲诚信，做精品，踏踏实实做事，老老实实做人。在业内有良好的口碑，很受广大消费者青睐。

其三，笔者对这18家红木企业比较了解。古人云："知之为知之，不知为不知，是知也。"笔者本着实事求是的精神，对这18家的特色一一做了简介。这18家虽然数量少，代表面却很大。他们包括了京作、广作和苏作；他们囊括了仿明、仿清和古韵今风。

仁者见仁，智者见智。请广大读者阅读本书后，发表自己的高见。世上本来没有路，走的人多了便成了路。笔者是第一个走"当代红木家具"之路的人，这条路应当越走越宽，直到永远。

一、北京元亨利硬木家具有限公司

北京元亨利硬木家具有限公司位于北京通州区佰富苑开发区,是一家集开发、设计、生产、销售、服务于一体,专业生产明清古典硬木家具的综合型企业。

该公司以"做中华品牌、创世界品牌"为目标,经过10多年的持续发展,积累了雄厚的实力,汇集了大批优秀的管理骨干和技艺精湛的艺术工匠。

经典、传世的"元亨利通"牌明清古典硬木家具,精选印度、东南亚等国家的黄花梨、紫檀、黑檀、酸枝等名贵、珍稀硬木为原料,精心设计。由具有丰富宫廷家具制作经验的艺术工匠,民间工艺美术大师采用纯手工精雕制作而成。

该公司营销网络立足北京、辐射全国、面向世界。先后为国内多家五星级酒店总统套房配套宫廷家具,让客人领略到"走进便得紫微气,起居方显九五尊"的皇家气派和宫廷风范。

该公司秉承"诚信、创新、卓越"的经营理念。以"承民族文化,琢艺术精品"为己任,依据QB/T2385—1988《深色名贵硬木家具》制作标准,严把质量关,并在行业内率先通过了ISO9000-2000国际质量管理体系认证。"元亨利通"系列产品,卓越的品质、精湛的工艺、人性化的服务,赢得消费者的信赖和钟爱。并获得中国(北京)第五届国际家具及木工机械博览会特等奖,成为中国红木家具行业最具影响力的企业之一。总经理杨波获"中国优秀企业家"称号,2006年博鳌论坛被评为"中国红木家具第一人"。

二、北京福星古月红木家具有限公司

北京福星古月红木家具有限公司的前身是2003年的古月轩红木工艺厂，经过十年的艰苦奋斗，福星古月已经成为中国著名的红木家具生产营销基地。该公司的产品以红酸枝为主，以黄花梨为辅，百分百地使用正宗的红木材料。

福星古月的经营方针是：以精品求生存，以信誉求发展，名牌高档不高价，终身保修不收费。

该公司使用的木料，均为红木《国家标准》规定的香枝木（黄花梨）、紫檀木（小叶檀）、黑酸枝（大叶檀）和红酸枝。红木产品以中档为主，高档为辅。除在北京地区零售外，主要向华北、东北和西北地区大批发。为了满足各界人士的需求，除了以清式红木家具为主外，还大量生产明式家具、近代家具和中西合璧款式家具。该公司产品选料之精，做工之细，品相之好，在京城都是名列前茅的。

福星古月的拍卖会很具特色，胡古越亲自主拍，参加拍卖会的人数越来越多，现在的拍卖会已超过200人。胡古越凭着渊博的红木知识，在拍卖会上侃侃而谈，被业内赞誉为"京城红木第一侃"。

福星古月红木家具注重文化内涵，每件红木家具的背后都有一个美丽的传说。福星古月的掌门人胡古越亲自给顾客写收藏证书，为的是弘扬中华民族的红木文化。因此，福星古月红木家具不但经久耐用，而且具有相当高的艺术欣赏价值和收藏保值价值。十年来该公司无投诉，让顾客买着放心，用着顺心，传代安心。因而获得"中国著名品牌"、"中国红木古典家具十大品牌"、"京城百姓最信赖的红木品牌"等光荣称号。

三、飞鸿古典家具有限公司

仙游县坝下飞鸿古典家具有限公司成立于2005年5月，注册资金6000万元，主要从事古典红木家具、工艺礼品的生产和销售。现有员工360多人，专业技术人员近260人。其中福建省工艺美术大师1人，高级工艺美术师1人，莆田市工艺美术大师3人，工艺美术师28人，高级技师1人，技师36人。公司占地面积30多亩，现代化厂房40000多平方米，引入了ISO9001质量管理认证体系，严格应用传统的榫卯结合，引进当今最先进的烘干设备，产品质量上乘，工艺精益求精。

经过多年的发展，公司已成为全国红木家具的重点企业之一，福建省"仙作"区域家具龙头企业，是福建省古典工艺家具协会常务副秘书长及副会长单位。公司作品多次被评为国家级金奖，代表仙作家具参加"成都八益2012秋拍仙作红木家具"专场会，取得极大好评，获得了福建省名牌产品、福建省著名商标、中国民间文化产业优秀品牌企业、莆田市创建诚信企业先进单位、第一批莆田文化产业示范基地、仙游县古典工艺家具技术中心和实训基地以及福建省师范大学信息技术学院实训基地等几十项荣誉。

公司注重红木家具及工艺礼品发展的同时，加强与兄弟单位合作，先后投资创建莆田市通泰融资担保有限公司，莆田市通泰典当有限公司，莆田市通泰小额贷款公司，并牵头组建福建群仙文化艺术股份有限公司。

董事长陈少红为福建省工艺美术大师、福建省高级工艺美术师、福建省工艺美术名人、莆田市青年专业技术后备人才。同时还兼任莆田市通泰典当有限公司董事长、仙游县诚信促进副会长、莆田孔子文化研究会仙游分会副会长等多项职务。

公司技术力量雄厚、服务完善、产品齐全。公司以创建"飞鸿家都"顶级家具名牌

为目标,以"诚信、创新、求精、卓越"的经营理念,力求把每一件产品都打造成艺术品、投资品。

四、北京大家之家古典家具有限公司

北京大家之家古典家具有限公司是一家专业从事明清古典家具、木雕工艺精品开发、设计、生产、销售、服务于一体的综合型大企业。

北京大家之家古典家具有限公司创办人为高级工艺美术师、中国工艺美术大师——林庆财先生。生产地及销售总部于北京朝阳区。拥有总面积2万多平方米的花园式厂房。并在福建、上海均设有工厂和多家直营店。同时具备一批专业素质的高级工艺美术师、工艺美术师,为企业生产出高品质的产品奠定良好的基础。企业创办30余年来,产品销售由港台、日本、东南亚等区域逐步拓展到北京、上海、广州等国内大中城市,并获得了广大消费者及同行业的好评,屡次被邀为国内多家别墅、豪宅、酒店设计及配套明清古典家具。

公司秉承"诚信、务实、创新、卓越"的经营理念,以品质上乘、款式新颖的生产风格赢得市场上消费者的信赖和钟爱,历年来各类佳作曾获国家级奖项上百余次。例如:

海南黄花梨家具《托泥圈椅》荣获中国工艺美术民间工艺博览会金奖;

《多宝格》荣获第六届中国工艺美术大师精品博览会金奖;

越南黄花梨家具《架子床》荣获首届中国海峡工艺品博览会金奖;

海南黄花梨《圆角柜》荣获中国古典家具精品展览会金奖;

海南黄花梨《亮格柜》获中国工艺美术师精品博览会金奖;

大型沉香木雕《万佛梵宫》获中国工艺美术大师精品博览会金奖;

檀香木雕《麻姑献寿》获上海第三届工艺美术精品博览会金奖;

《鲁迅》、《贝多芬》等获中国国家级工艺美术大师精品展金奖;不一而足,琳琅满目。

五、海升古典家私有限公司

海升古典家私有限公司位于"中国古典工艺家具之都"——福建省仙游县。海升公司的经营理念是:顾客至上,质量第一,重在文化,开拓进取。

海升公司主要经营印度牛毛纹紫檀家具和老挝大红酸枝家具。家具的款式有:明式、清式和当代红木家具五大系列产品共计800多种。家具用料之实,选料之精,做工之细,造型之美,均受到业内的好评,更加受到全国各地广大客户欢迎,因此,每年销售量都名列前茅。

海升不但注重产品质量,精益求精更上一层楼;而且注重服务质量,优质服务温暖客户心。海升的服务原则是:只有顾客想不到的,没有我们做不到的。就连外运家具的包装箱,老总都亲自检查一下,唯恐包装不好,把顾客的家具碰坏了。

海升公司的规模不是很大,但他们弘扬中华民族红木文化的志向很大;海升公司的家具质量不是最好,但他们认认真真抓质量的精神最好。海升人实实在在,踏踏实实,一步一个脚印地前进,每年都有新收获,每年都有新辉煌。

六、福建省帝宝古典家具有限公司

福建省帝宝古典家具有限公司坐落在中国古典工艺家具之都——仙游,公司前身系仙游县榜头镇帝宝古典工艺厂,创立于2008年5月20日。企业注册资本金为1000万元,企业资产1.6亿元,拥有两万多平方米的生产研发基地和近2000平方米的展厅,是一家集专业设计、开发、生产、销售于一体的古典工艺家具的大型生产企业。

帝宝公司被莆田人民政府评为2010—2011年度"守合同、重信用"诚信企业单位。

帝宝公司以创中式家具第一品牌为目标,秉承"诚信、创新、卓越、健康"的企业理念,以"制作世界顶级红木艺术家居品牌"为宗旨,精心制作中式古典家具、木雕精品、政务商务礼品、旅游纪念品等红木工艺珍品。

2010年12月荣获"依法诚信经营"服务单位证书。

2011年3月荣获"莆田市守合同重信用企业"称号。

2011年1月荣获"中国著名品牌"（重点推广单位）证书。

2011年1月荣获"质量、服务、信誉AAA企业"重点推广单位证书。

2012年加入福建省质量协会团体会员。

七、艺都古典家具有限公司

艺都古典家具有限公司坐落在中国古典工艺家具之都——仙游，是一家集研发、设计、生产、销售古典家具为一体的综合型公司。艺都成立于2006年，定位于做中、高端精品红木艺术家具。

公司秉承"开百年老店，做传世精品"的永续经营理念。撷红木精华，袭古制精髓，精选黄花梨、紫檀、红酸枝为原料，经精心设计，精雕细琢打造古典家具传世精品。艺都之作巧妙地融合传统国画，雕刻艺术与家具制作的技艺，延续并创新了明清家具的款式，

用料考究、设计美观、精工细刻,擅长山水人物,蕴含文化理念与审美情趣为一体,追求"型、材、艺、韵"的和谐统一,追求成就家具之极品,收藏之珍品。

八、福建仙游颜氏古典家具有限公司

福建仙游颜氏古典家具有限公司是中国红木古典家具理事会常务理事单位,创办于1991年,是国内大型的红木家具制造企业,总部坐落于"中国古典工艺家具之都"——福建仙游,拥有近2万平方米的现代化厂房,5000平方米的展销大厅,25名木雕大师、60余名高级技师、400余名能工巧匠,产品销往北京、上海、广州等全国各地。

颜氏恒业以做工精细著称,每件红木家具都经过多道检验,不合格的绝不能出厂。颜氏恒业的经营理念是:传承民族传统文化,打造红木家具精华,彰显红木艺术魅力,造福天下高雅人家。

颜氏恒业红木家具是当代红木家具百花园里的一朵奇葩。他们在继承明清传统工艺的基础上,不断创新出自己的风格,既有古典美,又有时代感。广大消费者都赞誉颜氏恒业红木是:精益求精,古韵今风。

九、辉煌仙艺古典工艺家具有限公司

辉煌仙艺古典工艺家具有限公司坐落于闻名中外的中国古典家具之都——福建仙游。该公司由20年前的工艺制品,发展成如今的向国内外批发的大型红木家具生产基地。

为继承和弘扬中国传统艺术,辉煌仙艺以遵循信誉至上、品质第一的经营方针;以中国传统家具的精华为典范,汇集了多名工艺美术大师,继承中国家具巧妙、精确、榫卯结构和精湛雕刻技巧的特点。依照明清精品之结构、风格、纹样和制作工艺,对每一件作品都精益求精、潜心精制,使其在风格、工艺、选材和制作上尽达形气神合一。

20多年来,该公司给力开发生产高品位、高质量的古典红木家具,设计开发的家具、佛像以及工艺精品等集收藏性、观赏性、实用性于一体,辉煌仙艺红木家具远销海内外,深受社会各界名流、爱好者、艺术家、收藏家的赏识,已被越来越

多追求高品质生活之人士所收藏。

该公司的经营范围涵盖古典家具、工艺礼品、室内装饰等。凡是客户的需求，辉煌仙艺都要千方百计的满足。辉煌红木的特色是：既有明清传统家具的古典美，又有新生活创新的时代感，可以说，它是继承与创新的完美结合，古韵今风，尽善尽美，让客户看着舒心，买着放心，使用安心。

十、中国·美联家私有限公司

中国·美联家私有限公司由公司董事长张洪林先生于1977年在香港创立，在数十年时间里，先后在广东深圳，浙江温州等地建立了三家规模庞大的红木工艺家私厂，目前又在广东惠州筹建美联（惠州）分公司。至此，中国·美联家私有限公司工厂的总占地面积已经超过40万平方米，员工总人数超3000人。几十年来，公司始终秉承"信誉第一，质量第一，顾客至上，服务第一"为企业宗旨，坚持以市场为导向，不断创新产品，扩大销售网络，完善售后服务。选用包括黄花梨、紫檀、酸枝木、黑檀木、鸡翅木、樱木等各类优质红木，所制作的产品种类几乎涵盖所有传统家具形式。迄今为止，中国·美联家私有限公司在世界二十多个国家和地区拥有专卖店达100多家。

公司在行业内率先通过ISO9001：2008质量体系认证和ISO9001：14001环境管理体系认证，拥有一流的设计开发团队，在产品的创新设计上，汲取"唐、宋、明、清"等历代中国传统家具工艺之精华，融合西方人体工程学和艺术美学的精妙之处，结合现代审美情趣，实现中西合璧，追求实用价值和审美艺术的最佳组合。公司采用现代化的生产设备，通过科学的管理流程，严把质量关，从原料到成品的每一道工序都有专人监督、查验。在工艺手法方面，保留了全手工制作的传统方式，精雕细凿，各类人物、山水花鸟、飞禽走兽、欧美纹饰等都力求精工细致，栩栩如生。在漆饰上采用历史悠久的传统大漆工艺，结合现代化的制作方式，使其达到耐磨、耐热、耐水、耐腐蚀、绝缘和绿色环保等使用要求。美联红木家具的特点在于用料上乘，工艺精湛，美观时尚，符合时代潮流，极具艺术欣赏价值与收藏升值潜力。

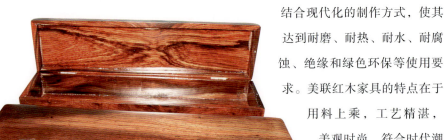

十一、香港深发红木家具有限公司

香港深发红木创立于1981年，厂区面积达10万平方米，员工逾3000人。集自主设计、研发、生产、销售、服务于一体，是实力雄厚，有信誉保证，产品质量超群的大型专业生产高级红木的现代化龙头企业。

深发红木以诚信为本，对家具生产实施全面质量管理，注重用材选料。所用名贵红木由中国林科院木材工业研究所（起草制定国家红木标准的权威机构）进行先行鉴定，由北京木材家具质检站进行保真监督检测，由北京质量检验认证协会进行服务跟踪。深发红木的保真制作、销售赢得了广大红木消费者的好评，也是深发红木三十年能做大做强的根本。

深发红木北京分公司制作的古典家具，主要名贵用材有：中国海南产的香枝木（俗称海南黄花梨），越南香枝木（俗称越南黄花梨），印度产的紫檀木（俗称小叶紫檀），马达加斯加产的黑酸枝木（俗称大叶紫檀），老挝产的红酸枝木（俗称老红木），缅甸产的红酸枝木和花梨木等。其中最为名贵珍稀的有海南黄花梨，为国家级原料。其华贵而富有韧性，不易变形开裂，有温润如玉的质感和行云流水的纹理，多为老料新做，是红木用材中的上品。紫檀被誉为红木中的王中王，由于其千年成材和"十檀九空"的生态特点，显得极其珍贵难得。它除了木质细腻，特别适合精雕刻外，还独具檀香味和明显的保健功效。工匠给紫檀分为四类：一是金星紫檀，光线下可见金星金丝，油质感极强为上品；二是牛毛纹紫檀（也叫蟹爪纹）；三是鸡血紫檀；四是豆瓣紫檀。深发制作的紫檀精品仿古家具用料以金星紫檀为主。

十二、佐丹诗红木

佐丹诗红木是一家秉承古典文化精髓，融会现代设计理念的专业红木家具制造公司，凭借"与时俱进"的作风、睿智的商业智慧以及现代的设计理念，将红木家具的实用性和观赏性相结合，设计制造出一系列兼材美、工巧、传神于一身的精品红木家具。

佐丹诗红木脱离了单纯的仿古，加入了更多的现代元素，使家具更符合现代人的审美观念，同时更为舒适。公司秉承"现代理念、古典情怀"的设计主旨，重新解构古典家具，赋予古典家具新的文化内涵，并融合西方文化元素与中国本土文化精要，使佐丹诗在现代红木家具市场独树一帜。

公司生产基地位于广东东莞,占地约50000平方米拥有国际级的专业生产设备和高素质的设计、制作人员。"佐丹诗"公司总部在北京,在国内拥有三十多家大型连锁店,产品畅销港澳台、东南亚,远销欧美,品牌享誉国际。佐丹诗是中国首家通过ISO9001国际体系认证的红木家具企业,并获得"国家A级优质产品"称号,曾多次获得中国十八省市家具行业诚信企业荣誉。在红木家具市场激烈的竞争中,佐丹诗凭借它精选的材质、精湛的工艺及完善的服务备受广大消费者的青睐。

十三、上海航管红木家具有限公司

上海航管红木家具有限公司,简称航管红木。创始于公元1994年,2004年企业整体转制,为原经营者独资收购。

历经十余年市场风雨洗礼,现已发展为占地20余亩,展厅3300平方米,在上海开设多家专业店的行业大中型企业。经营规模,销售收入在上海本土企业中名列前茅。

航管红木2004年被选为上海市木材行业协会红木专业委员会会长单位;2005年荣膺中国红木古典家具协会副理事长单位。

航管红木选用产自东南亚,非洲热带雨林的名贵优质硬木,包括称为"国宝"的海南降香黄檀、"一寸紫檀一寸金"的印度小叶紫檀、"硬木后起之秀"的马达加斯加卢氏黑黄檀,精心打造500余款明式、清式、民国式、欧式家具,赢得市场青睐,消费者交口赞誉。

航管红木近年来更效力于开发精雕繁镂而倍显雍容华贵的清式宫廷家具。一面世便博得广大藏家激赏。

熔铸古今治红木,贯通中西树楷模。航管十余年如一日为提升中国家具文化不遗余力。厚积薄发,终于成就今朝之脱颖而出。

十四、年年红家具集团有限公司

年年红红木家具是年年红家具集团有限公司旗下的产品,"年年红"商标被认定为中国驰名商标,年年红红木家具被评为国家A级产品。"年年红"牌产品有富典、金典、雅典、工艺品四大系列2000多个规格和品种，材料全部采用东南亚、拉美、非洲等地进口的优质红木、名贵木材，产品经60多道工序，精制细作而成，拥有国内外经销商300余个，产品畅销全国29个省市，并出口东南亚及欧美等国家和地区，先后荣获"中国家具行业十大品牌"、"中国古典家具十大品牌"、"第三届中国国际家具博览会金奖"、"第十届国际名家具博览会金奖"、"第十三届香港国际家具博览会金奖"、"第十届中国传统家具博览会金奖"、"第二届中国科技精品博览会金奖"、"浙江省信用等级AAA级企业"等荣誉称号。

十五、河北红日古典家具公司

为继承和弘扬中国传统艺术，仿古家具亦随之崛起。河北红日古典家具公司是一家专业从事明清仿古家具的企业。成立于20世纪90年代初，占地10000余平方米，有2000余平方米的展厅，3000余平方米的加工车间。我们每一件作品都选用世间稀有的紫檀、黄花梨、红木等明清贡木为材料。继承中国传统家具巧妙、精确和榫卯结构的特点。依足明清精品之结构、风格、工艺。

对每一件作品都精雕细刻、反复打磨、潜心精制。从大料到小结；从原料到成品都不使用油漆、腻子，是真正的绿色环保产品。

红日红木对每一根木材都要进行烘干等多种处理手段，我们的产品在世界任何地理、气候环境中都不会出现干裂、拔缝等现象。

一件家具没有一根钉子，但牢固无比；没有任何防腐剂，但百年不朽、不散；没有任何涂料，但光艳夺目是中国家具的奇迹也是红日家具向您做出的郑重承诺。

红日制作的仿古家具不但具有很强的实用价值，而且具有艺术欣赏价值。

十六、廊坊陶然居家具有限公司

廊坊陶然居家具有限公司创始人叶双陶先生，自20世纪80年代始，收集、修复古旧家具，以其修旧如旧的精湛技艺赢得众多收藏家高度评价。

在拆解、修复残破古旧家具过程中，叶先生对传统家具科学、奇妙的榫卯结构渐渐产生浓厚兴趣，直至痴迷，遂决心穷毕生精力将其继承发扬，为国人营造优雅、高端、有品位的家居环境。为此于20世纪90年代初创建廊坊陶然居仿古家具厂，2002年成立廊坊陶然居家具有限公司。

陶然居公司以传承中华优秀传统文化为己任，为后人留下传世珍品为目标。苦心琢磨形制结构，精雕细镂每件家具。形成了器型雍容典雅，结构严谨考究，做工精致细腻，用料从容适度的京作红木仿古家具风格，得到了收藏者的一致认同。

面对产品供不应求的局面，陶然居没有沉溺于已取得的成就，浅尝辄止，小胜即足，更没有急于扩大生产规模，造势宣传，而是苦练内功，低调做人。叶先生本人，则是抛开俗事缠扰，深入探究传统家具的文化蕴涵，反复推敲家具的神韵及结构的科学性，在明清精品家具基础上，进行再设计，再完善，推出了比传统结构更加考究且极具艺术价值的红木仿古家具。

不求最大，但求最优；不求当前，但求最久。这是陶然居不变的宗旨。

陶然居愿殚尽心智，为各界朋友设计制作最具艺术魅力的红木家具，使朋友们充分感受红木家具的优雅恬淡，忘却来自尘世的烦恼压力，享受生活，陶然而居。

十七、华盛鸿古典家具厂

华盛鸿古典家具厂始创于20世纪80年代，为继承和弘扬传统艺术，仿古家具亦随之

崛起。他们每一件家具都选用世间稀有的紫檀、黄花梨、红木等明清贡木为材料。继承传统家具巧妙、精确、榫卯结构和精湛雕刻技巧的特点。对每一件家具都精雕细刻、反复打磨、潜心精致。他们制作的仿古家具不但有实用价值、欣赏

价值,更是具有很强的收藏价值,更代表其高尚的文化艺术修养。

华盛鸿坐落在当代红木家具五大生产基地之一的——河北省大城红木圈。大城生产的红木家具更适合北方人的口味儿,因此,华盛鸿主要销于北京等北方大城市。

华盛鸿的人实在,货也实在。他们实实在在地生产当代红木古典家具,实实在在地弘扬中华民族的红木文化。实实在在,就是华盛鸿古典家具厂的企业精神。

十八、永林至尊红木家具有限公司

永林至尊红木家具有限公司系中国红木古典家具理事会会员单位、中华木作委员会会员单位、中国京作家具品牌企业,是一家集研发、设计、生产、销售、服务于一体的大型红木系列家具公司,是以榫卯结合,传统工艺加工销售红木家具为主要经营特色的公司。建有现代化的厂房,拥有各种先进的木工设备和精湛的生产工艺。

永林人深知"没有厚重的文化底蕴,就铸造不出经典的红木家具",公司聘请高端研发、设计人才和优秀的木工、雕刻技师,在传承、借鉴中国明清古典家具精华的基础上,结合现代人的审美观念,大胆开拓创新,立足高端,致力于生产集欣赏、使用、收藏于一体的红木家具艺术精品。

公司在北京多个地区设有家具厂展厅,城外诚店、高碑店新村店、集美店等直属专卖店近千平方米。公司产品种类齐全,主要生产古典红木家具、现代红木家具和工艺品等三大系列产品。涵盖休闲系列、客厅系列、餐厅系列、卧室系列、书房系列、办公系列、茶台等数十款红木家具。

公司产品采用从东南亚、非洲热带雨林等地进口的具有数百年乃至上千年的黄花梨、小叶紫檀、黑酸枝(主营)、红酸枝(主营)、花梨木等优质红木,以纯天然生漆、蜂胶等为辅料,凭借精湛的工艺加工而成。产品环保、自然,不仅继承了明清家具的精巧工艺,还融入现代人文思想,集科学性、艺术性、实用性、收藏性于一体,融古典风格与现

代流行元素于一身,最大程度上保留了木材原始的纯真自然之美,真正体现了红木家具:"材美质坚,纹理自然,高贵典雅,端庄大气"之特点。

公司始终注重品牌建设和售后服务,致力打造高贵典雅的红木艺术精品,建立专业的售后服务团队,提供优质售后服务,解除顾客的后顾之忧。

公司本着"人品决定产品"的企业理念,诚信为本,追求卓越品质,以弘扬传统文化为己任,以打造精品家居为目标,精雕千年文化,细刻百年良材,努力打造"永林至尊"中国驰名品牌。